CELIA BROOKS mudou-se do Colorado (EUA) para Londres (Inglaterra) em 1989 para seguir carreira como diretora de teatro, mas renunciou ao se apaixonar pela culinária. Em sua trajetória, foi chef, escritora de gastronomia e empresária. A partir de sua experiência como chef particular do diretor de cinema Stanley Kubrick e de sua família, escreveu diversos livros de receitas.

Em 2002, Celia criou uma empresa de tours culinários de muito sucesso, a Gastrotours, como um meio de compartilhar sua paixão. Seus clientes são apresentados a uma variedade de alimentos nos lugares mais badalados de Londres, incluindo Portobello e o Borough Market. O amplo conhecimento, a curiosidade e o envolvimento contínuo com mercados e ingredientes fizeram com que ela se transformasse em uma grande especialista em comida.

Celia publicou oito livros de receitas em diversos países, foi colunista de publicações como *The Times*, *BBC Good Food Magazine* e *The Evening Standard* e fez diversas aparições na TV. Hoje, participa do blog do Borough Market e da *Market Life*, a revista institucional do mercado. Com um estilo de cozinha fundamentalmente vegetariano, ela é conhecida como "a nova fazendeira urbana", pois escreve sobre o cultivo caseiro a partir de sua experiência com a horta que mantém em Londres.

Leia mais em www.celiabrooksbrown.com

CULINÁRIA VEGETARIANA DE BAIXO CARBOIDRATO E SEM GLÚTEN

CULINÁRIA VEGETARIANA DE BAIXO CARBOIDRATO E SEM GLÚTEN

RECEITAS SIMPLES E DELICIOSAS PARA
UMA VIDA MAIS LEVE E SAUDÁVEL

Celia Brooks

Fotografias de Clare Winfield
Análise nutricional de Fiona Hunter e Anita Bean

PUBLIFOLHA

sumário

Introdução 6
Como funciona 8
A despensa perfeita 14

01: café da manhã 16

02: entradas e sopas 34

03: almoço leve 52

04: pratos principais 68

05: petiscos e lanches 98

06: ocasiões especiais 112

07: saladas e guarnições 126

08: doces delícias 140

09: sabores essenciais 160

Sugestões de cardápio 170
Índice 174
Agradecimentos 176

introdução

"Já ouviu falar de uma nova dieta que é sensacional? Só não pode repetir os pratos pela terceira vez." Stanley Kubrick

Foi Christiane, esposa de Stanley Kubrick, quem me incentivou a lançar este livro, há dez anos, quando escrevi a primeira versão. Naquela época, eu cozinhava para ela, sua família e amigos e, quando vários deles decidiram adotar uma dieta de baixo índice de carboidrato, precisei usar minha criatividade para desenvolver novas receitas. Esse é o resultado de meses de experiência, celebração e perda de peso!

Este é o livro de receitas ideal para quem adotou o estilo de vida com baixo índice de carboidrato, que tende a dominar o Ocidente no século XXI, já que carboidratos e açúcares refinados têm sido condenados por especialistas em saúde. Essa dieta já sofreu críticas, mas funciona. A obesidade é, seguramente, mais perigosa. Há muitas informações conflitantes por aí, porém em um ponto todos os nutricionistas concordam: controlar os carboidratos reduz o apetite, e, quanto menos se come, mais se emagrece.

Para embarcar neste projeto, eu mesma adotei a dieta. Sempre mantive um peso saudável e não tinha muito o que perder, mas houve fases durante minha vida em que engordei um pouquinho – e sei como é maravilhoso se sentir magra. O que queria mesmo era "viver com poucos carboidratos" para obter um retrato fiel do que isso significa. E me surpreendi! Quase de imediato notei que meu apetite diminuiu. Beliscava menos e comia porções menores nas refeições. Senti que conseguia manter o foco e os níveis de energia. Trabalhava horas sem pensar em ir à cozinha para petiscar. Ao contrário de outras dietas, essa não fez com que eu sentisse privação ou uma necessidade urgente de comer. Depois de duas semanas, minhas roupas estavam folgadas, e eu tinha perdido 1,5 kg. Para mim, foi a prova de que a dieta funciona.

Talvez seja o estereótipo do "chef gordo" que faz com que as pessoas sempre me perguntem: "Mas como você faz para se manter magra?". Minha resposta é sempre a mesma: "Muito exercício!". Qualquer que seja sua alimentação, esse é o segredo. Meu conselho para quem adota uma dieta de baixo índice de carboidrato é consultar os livros que existem e escolher o que for mais adequado. Quem combina dieta com uma carga crescente de exercícios físicos só tem uma coisa a perder: peso.

Desenvolver essas receitas foi uma experiência nova para mim. Estabeleci uma lista limitada de ingredientes vegetarianos com baixo índice de carboidrato. Com isso em mente, dediquei a mesma paixão e o prazer de sempre para criar os pratos mais caprichados que eu conseguisse. Espero que este livro contribua com ideias para o seu cardápio, vegetariano ou não, com pouco carboidrato ou não, e que as receitas sejam tão divertidas de preparar quanto gostosas de comer. Aproveite!

como funciona

Dois fatores fazem da dieta de baixo índice de carboidrato algo único. O primeiro é o controle da insulina. Os carboidratos consumidos são convertidos rapidamente nos açúcares básicos que os compõem e, quando caem na corrente sanguínea, fornecem muita energia, mas também fazem com que o pâncreas dispare a produção de insulina. A função da insulina é remover os açúcares da corrente sanguínea, armazenando-os como energia. É um processo rápido e, assim que termina, o apetite reaparece. Ao ingerir menos carboidratos, o corpo não terá açúcar para queimar na produção de energia e, assim, recorrerá à gordura armazenada, causando perda de peso.

O segundo fator é como a proteína afeta o apetite. Enquanto os carboidratos são queimados rapidamente, a proteína demora para ser digerida. Portanto, uma refeição rica em proteínas – com ovos ou tofu – sacia por mais tempo. Assim, tendemos a beliscar e a comer menos e, na hora do lanche, consumiremos alimentos ricos em proteínas.

A proteína é um desafio óbvio para um vegetariano que faça uma dieta com pouco carboidrato, pois acredita-se que a alimentação fique muito limitada sem carne ou peixe. Embora seja impossível eliminar os carboidratos (nem é recomendável), os vegetarianos têm diversas opções ricas em proteínas e pobres em açúcares, principalmente ovos e tofu, os quais dominam as receitas deste livro. Em função da grande quantidade de hortaliças na maioria dos pratos, eu diria que a dieta vegetariana com pouco carboidrato é uma das mais saudáveis que existem. Legumes e verduras, afinal, são o elixir da vida.

PROTEÍNAS

São suas melhores amigas na dieta de baixo índice de carboidrato. Muitas fontes vegetarianas de proteínas, com exceção de nozes e queijos, também têm pouca gordura, o que aumenta as chances de perder peso, além de serem repletas de outros nutrientes que beneficiam a saúde. Leguminosas são ricas em proteínas e carboidratos, e, quando aceitei o desafio de criar receitas com até 10 g de carboidratos por porção, descobri que era melhor deixá-las de fora – mas, ao lado dos grãos integrais, elas devem fazer parte de uma dieta equilibrada e podem ser consumidas com moderação.

OVOS

Muitas vezes são citados como "a proteína perfeita". Assim como outras fontes de origem animal, contêm os vinte aminoácidos que formam uma proteína completa – e tudo embalado naquela pequena casca. Apresentam muitos minerais e vitaminas benéficos, incluindo a vitamina E, um antioxidante natural que ajuda a prevenir doenças. Embora por muito tempo as pessoas tenham acreditado que o colesterol dos ovos fosse prejudicial, médicos e organizações de saúde não aconselham mais restringir seu consumo. Estudos demonstram que não há relação entre doenças cardíacas e o colesterol adquirido pelo consumo de ovos.

Nunca é demais enfatizar a importância de comprar ovos orgânicos. Galinhas criadas de maneira orgânica vivem soltas e têm uma alimentação vegetariana e livre de substâncias químicas, antibióticos e hormônios. Na dieta vegetariana com baixo índice de carboidrato, o consumo de ovos será alto – e como o que a galinha consome vai para o ovo, e o ovo vai para o seu corpo, os orgânicos são os ideais. Podem ser um pouco mais caros, mas o investimento vale a pena.

SOJA

A soja é um presente da natureza para os vegetarianos, pois é uma das únicas fontes vegetais de proteínas completas (assim como as de origem animal, também contém os vinte aminoácidos). Produtos feitos de soja são pobres em gordura e carboidratos, ricos em proteínas e em antioxidantes capazes de prevenir doenças, e ainda têm níveis altos de estrogênio, que, entre outros benefícios, reduz o risco de câncer de mama. A USFDA (United States Food and Drugs Administration) indica o consumo diário de 25 g de proteína de soja para ajudar a diminuir os níveis de colesterol. Embora muitos alimentos naturais percam suas qualidades e nutrientes no processamento, com a soja ocorre o contrário. O tofu tem uma concentração maior de nutrientes que o grão fresco – e menos carboidratos, quando a comparação é feita pelo peso. Assim como os ovos, é melhor utilizar soja orgânica, pois a não orgânica pode ter sido modificada geneticamente.

OLEAGINOSAS

Ao lado das sementes, têm papel poderoso na nutrição, pois são ricas em proteínas, vitamina E, fibras e minerais. A castanha-do-pará contém alto teor de selênio – o que é particularmente bom para os vegetarianos, pois não há muitas outras fontes vegetais desse mineral essencial. As oleaginosas também apresentam muitas gorduras boas, insaturadas. As nozes estão entre os poucos alimentos de origem vegetal que fornecem ômega-3, que ajuda a reduzir o colesterol.

LATICÍNIOS

Embora contenham gordura saturada, não são mais considerados prejudiciais. Até mesmo as gorduras saturadas são fundamentais para a saúde e não aumentam o risco de doenças cardíacas. Existem muitos laticínios com pouca gordura, mas quase sempre contêm uma quantidade maior de carboidratos. Uma porção de 100 g de iogurte desnatado apresenta 7,4 g de carboidrato, enquanto a mesma quantidade de iogurte grego contém apenas 4,8 g. A coalhada desnatada tem pouquíssimo ou nada de carboidrato, por isso a usei em algumas receitas.

Como regra geral, quanto maior a quantidade de gordura de um produto lácteo, menos carboidrato ele contém – manteiga e muitos queijos não têm nenhum. Todos os laticínios são itens processados, portanto é preciso verificar as informações nutricionais da embalagem para ver se o produto tem carboidrato. E nem todos os queijos são vegetarianos, pois pode ser utilizada renina animal na fabricação. Algumas receitas deste livro pedem parmesão, e o legítimo, italiano, contém renina, mas existem bons substitutos vegetarianos. Se fizer questão de usar queijos vegetarianos, confira o rótulo.

FIBRAS

Nutricionistas criticam a ausência de fibras em dietas com pouco carboidrato, pois elas são essenciais para manter o funcionamento do sistema digestório. Mas isso não é um problema se forem consumidas muitas hortaliças com pouco carboidrato, como as usadas nas receitas deste livro.

AÇÚCAR

É o grande vilão da história. Todos os tipos de açúcar, refinados ou não, são carboidrato puro, que fazem os níveis de insulina explodir e desequilibram o metabolismo caso se esteja adotando uma dieta de baixo carboidrato. O adoçante com poucas calorias é a alternativa. Todas as receitas deste livro que contêm algo doce foram desenvolvidas com sucralose. Ela deriva do açúcar, mas quase não tem calorias ou carboidratos e não afeta os níveis de insulina. Ao contrário de outros tipos de adoçante, a sucralose é apropriada para uso culinário e mantém a doçura quando o alimento é aquecido. Deixa certo retrogosto, mas isso pode ser amenizado com o uso de algum elemento ácido, como limão-siciliano – o que também ocorre com outros tipos de adoçante. Já percebeu como uma espremida de limão intensifica o sabor dos refrigerantes diet?

Se não quiser usar sucralose, experimente adoçantes à base de xilitol ou estévia. Lembre-se, porém, de que fazer substituições pode comprometer as quantidades usadas nas receitas. Verifique o rótulo e as recomendações dos fabricantes.

No capítulo "Doces delícias", usei chocolate para diabéticos da melhor qualidade, adoçado com substâncias como maltitol ou sorbitol. Procure-os em lojas especializadas ou drogarias.

GORDURAS

Assim como os carboidratos, as gorduras muitas vezes são mal interpretadas – acreditar que todas são ruins é generalizar de maneira incorreta. Existem as boas e as ruins. As de fontes vegetais – monoinsaturadas, poli-insaturadas e ômegas – são parte essencial de nossa alimentação e, na verdade, diminuem o colesterol. As gorduras de origem animal, incluindo ovos e laticínios, já foram consideradas ruins, mas são boas para a saúde; ao contrário do que se pensava, não aumentam o colesterol nem entopem as artérias. As mais prejudiciais são as gorduras trans. Sempre verifique os rótulos de alimentos processados e evite qualquer coisa que contenha a palavra "hidrogenada" entre os ingredientes.

Gorduras apresentam o dobro de calorias dos carboidratos e, por isso, parece lógico que, ao eliminá-las, perde-se peso. Mas esse é um erro que nos deixa obcecados. O segredo é evitar as ruins e ingerir as boas. Sempre, como tudo, com moderação.

CARBOIDRATOS

Nem todos são inimigos. Em geral, os ruins são os brancos e refinados: batatas, pão, massas, arroz e açúcar, alimentos que fornecem uma injeção de energia seguida por uma queda abrupta e uma nova sensação de fome – o que potencialmente nos leva a beliscar e, com isso, ganhar peso. Para piorar as coisas, têm poucos benefícios nutricionais. Os carboidratos bons são aqueles não processados: grãos integrais, incluindo arroz e massas integrais, frutas e legumes, essenciais em uma dieta saudável. Neste livro, para me manter no limite de 10 g de carboidratos por receita, não foram incluídos grãos.

Se está procurando substitutos para massas e arroz, existem algumas opções fantásticas com pouco ou nenhum carboidrato; pesquise na internet e em lojas especializadas. Feita de uma raiz chamada konjac, o tradicional macarrão oriental shirataki quase não tem carboidratos ou calorias. Existem vários outros tipos de massas e "arroz" feitos de konjac. Ao prepará-los, siga as instruções da embalagem.

GLÚTEN

Evitei trigo e produtos de grãos ao criar as receitas deste livro, por isso nenhuma delas contém glúten. Se você está seguindo uma dieta que proíbe a substância, confira o rótulo de qualquer produto industrializado. Como vários pratos usam molho de soja, compre uma versão sem glúten, como o tamari japonês (o shoyu é feito com trigo e soja).

POR FIM... ÁGUA

Beber água é um dos fatores mais importantes para a perda de peso e o bom funcionamento do organismo. Elimina as toxinas, contribui para a saciedade, acelera o emagrecimento e auxilia no desempenho adequado das células do corpo. Mantenha uma garrafa por perto e beba pelo menos 2 litros de água por dia.

DIRETRIZES PARA UMA DIETA SAUDÁVEL E DE BAIXO CARBOIDRATO

- Consuma os carboidratos certos, como as hortaliças permitidas e alimentos integrais. Evite os refinados e o açúcar.
- Aumente a ingestão de proteínas. Em cada refeição, faça com que a porção de proteínas seja maior, e a de carboidratos, menor. Sempre inclua hortaliças frescas.
- Além de comer verduras, tome suplementos minerais e multivitamínicos (mediante orientação médica).
- Não se preocupe com a gordura saturada. Evite o consumo de gordura trans e de açúcar.
- Relaxe e divirta-se na cozinha. *Bon appétit!*

a despensa perfeita

Se você se propôs a seguir uma alimentação de baixo índice de carboidrato, uma boa ideia é fazer uma "faxina" e livrar-se das tentações em sua cozinha. Pegue todos os alimentos ricos em carboidratos e doe para amigos ou instituições de caridade. Se outros moradores de sua casa não aderiram à dieta, separe um lugar para os produtos que eles consomem e os mantenha fora de sua vista – e de seu pensamento.

Na página seguinte, incluí uma seleção de alimentos essenciais. Manter a despensa abastecida facilita e deixa mais agradável a tarefa de cozinhar. Tente comprar produtos frescos da estação e orgânicos sempre que possível.

*** = LEIA O RÓTULO**

Produtos que contenham açúcar, glicose de milho, amido modificado e qualquer substância hidrogenada devem ser evitados.

LATICÍNIOS

- Queijos, cream cheese
- Cottage
- Ricota, mascarpone
- Manteiga
- Coalhada/sour cream, integral ou com pouca gordura
- Creme de leite fresco batido
- Leite semidesnatado
- Iogurte grego desnatado

OVOS

- Compre os orgânicos
- Mantenha-os na geladeira

TOFU

- Firme – mantenha-o refrigerado. Guarde as sobras cobertas com água na geladeira por 3 dias (mude a água diariamente). Pode ser congelado.
- Macio – geralmente vendido em embalagens longa-vida; bom para smoothies e sobremesas. Guarde as sobras na geladeira e use em 24 horas.
- Defumado – mantenha-o refrigerado. Pode ser congelado.
- Com sabor*/marinado* – mantenha-o na geladeira. Pode ser congelado.

PRODUTOS DE SOJA/ VEGETARIANOS, SECOS, RESFRIADOS OU CONGELADOS

- Farinha de soja (sem gordura) – mantenha-a refrigerada
- Proteína texturizada de soja (PTS)*
- Carne vegetariana*
- Salsichas* e linguiças* vegetarianas
- Salgadinhos de soja sabor bacon*

OLEAGINOSAS/ SEMENTES

- Todos os tipos. Armazene em recipientes herméticos, em local fresco, por pouco tempo – ou no freezer, por períodos maiores. Castanha-de-caju é a única que contém carboidratos; consuma com moderação.

ESPECIARIAS

- Todos os tipos. Mantenha-as longe da luz solar. Se possível, compre--as inteiras e moa na hora de usar. Verifique o rótulo de especiarias que possam conter açúcar.

CONDIMENTOS/ TEMPEROS

- Adoçante sem açúcar (as receitas deste livro foram desenvolvidas com sucralose – veja p. 11)
- Sal marinho
- Extrato de amêndoa*
- Extrato de baunilha puro*
- Tabasco
- Outros molhos de pimenta*
- Molho de soja (como o tamari, sem glúten), light e escuro
- Mostarda*, seca e pronta
- Maionese*
- Creme de amendoim*
- Vinhos de uso culinário: xerez, madeira, marsala

CONSERVAS/ ENLATADOS

- Tomate-italiano pelado
- Coração de alcachofra
- Picles de legumes*
- Pimentas vermelhas em conserva*
- Azeitona verde e preta
- Alcaparra
- Pimentão assado*
- Castanha-portuguesa cozida
- Palmito
- Leite/creme de coco
- Pesto*
- Tapenade*

VEGETAIS FRESCOS

- Verduras
- Couve-flor
- Cebolinha, echalota, cebola, alho, alho-poró
- Berinjela
- Abóbora
- Aspargo
- Abobrinha
- Aipo-rábano, nabo-redondo, nabo
- Pimentão
- Brotos de feijão-da-china e outros, como alfafa
- Avocado e abacate
- Pepino
- Aipo
- Erva-doce
- Vagem, ervilha-torta e ervilha fresca
- Cogumelos de todos os tipos
- Rabanete
- Tomate
- Pimenta verde e vermelha
- Gengibre
- Limão-taiti e siciliano
- Frutas vermelhas frescas e melão

BEBIDAS

- Água mineral natural – beba 2 litros por dia
- Chá de ervas (apenas com adoçante)
- Chá e café
- Vinho branco
- Vodca e alguns destilados*
- Bebidas sem açúcar/gaseificadas*

01:
CAFÉ DA MANHÃ

Uma injeção de combustível repleta de proteínas no café da manhã ajuda a conservar a energia até a hora do almoço. É o segredo para manter a fome sob controle ao longo do dia. Não pule essa refeição.

Panqueca de mirtilo e amêndoa

Seguindo a tradição sulista dos Estados Unidos, essa panqueca é doce, amendoada e recheada de mirtilos suculentos. Não tenha receio de colocar as frutinhas na frigideira antes da massa – é a melhor maneira de distribuir e cozinhar tudo por igual.

6 colheres (sopa) de farinha de soja
4 colheres (sopa) de amêndoa moída
2 colheres (sopa) de adoçante
½ colher (chá) de fermento em pó
uma pitada de sal
2 ovos orgânicos
50 ml de creme de leite fresco
2 colheres (chá) de manteiga
75 g de mirtilo
2 colheres (sopa) de iogurte grego, para servir (opcional)

Rende 12 unidades/4 porções

Preaqueça o forno a 120°C para manter as panquecas já prontas aquecidas. Bata a farinha, a amêndoa, o adoçante, o fermento, o sal, os ovos e o creme de leite no liquidificador até a mistura ficar homogênea.

Aqueça uma frigideira ou chapa antiaderente em fogo baixo a médio e junte 1 colher (chá) de manteiga. Incline a frigideira, para untar a superfície. Separe 4-5 mirtilos para cada panqueca e distribua as frutas em três grupos na frigideira. Com cuidado, despeje a massa por cima, para obter círculos com cerca de 6 cm. Frite as panquecas até crescerem e dourarem na parte de baixo e suas bordas se soltarem; vire-as e repita do outro lado. Mantenha-as aquecidas no forno enquanto prepara as restantes – unte a frigideira com mais manteiga entre uma leva e outra. Sirva-as mornas, com o iogurte, se desejar.

Cada porção contém

Carboidratos: 5 g; proteínas: 11 g; calorias: 267; fibras: 3 g; gorduras: 23 g (8 g de gordura saturada)

Shake matinal de chocolate

Chocolate no café da manhã? Por que não? O cacau puro, em pó, contém antioxidantes benéficos, o iogurte fornece um pouco de cultura probiótica, e o tofu é repleto de proteínas – esse shake sem açúcar é, portanto, deliciosamente saudável.

150 g de tofu macio
2 colheres (sopa) de iogurte grego
200 ml de água
2 colheres (sopa) de cacau em pó
½ colher (chá) de extrato de baunilha
uma pitada generosa de canela em pó ou a gosto
3 colheres (sopa) de adoçante ou a gosto

Rende 2 porções

Bata todos os ingredientes no liquidificador até a mistura ficar homogênea. Prove e, se desejar, acrescente mais adoçante. Para uma textura mais densa, use menos água.

Cada porção contém

Carboidratos: 2 g; proteínas: 7 g; calorias: 78; fibras: 0,5 g; gorduras: 5 g (1,5 g de gordura saturada)

Smoothie de melão e framboesa

Essa bebida rica em proteínas é uma injeção de ânimo para começar o dia com muita energia.

150 g de tofu macio
50 g de melão-cantalupo cortado em pedaços
50 g de framboesa
3 colheres (sopa) de amêndoa moída
½ colher (chá) de extrato de amêndoa
1 colher (chá) de especiarias mistas ou a gosto
2 colheres (sopa) de adoçante ou a gosto
5 colheres (sopa) de água

Rende 2 porções

Bata todos os ingredientes no liquidificador até obter uma mistura homogênea. Prove e, se desejar, acrescente mais adoçante.

Cada porção contém

Carboidratos: 7,5 g; proteínas: 11 g; calorias: 217; fibras: 3 g; gorduras: 16 g (1,5 g de gordura saturada)

Café da manhã à moda turca

Esse desjejum leva a essência do Mediterrâneo à sua mesa. Cozinhar os ovos da maneira descrita a seguir deixa a gema amanteigada – nem líquida nem seca, mas no ponto certo. A quantidade de ingredientes é para uma porção individual, mas é possível aumentar a receita o quanto quiser. Chá-preto forte é o acompanhamento clássico.

1 ovo orgânico
25 g de queijo feta em pedaços
1 tomate médio cortado em quartos
75 g de pepino cortado em pedaços
50 g de azeitona preta de boa qualidade, como a kalamata
1 colher (sopa) de azeite
½ colher (chá) de orégano seco ou 1 colher (chá) de orégano fresco
sal e pimenta-do-reino moída na hora

Rende 1 porção

Coloque o ovo em uma panela e cubra com água. Espere ferver e cozinhe por 7 minutos. Escorra e passe-o em água fria, até esfriar. Descasque e corte o ovo ao meio – deve estar firme, mas com a gema macia.

Misture os demais ingredientes, coloque-os em um prato e disponha o ovo por cima. Regue com azeite, polvilhe com orégano e tempere com sal e pimenta-do-reino.

Cada porção contém

Carboidratos: 3 g; proteínas: 13 g; calorias: 318; fibras: 2,5 g; gorduras: 28 g (8 g de gordura saturada)

Omelete à moda japonesa

Preparar essa omelete leve e enrolada pode requerer um pouco de prática, mas o resultado impressiona. Não se preocupe se algumas camadas se quebrarem, pois se ajeitam no passo final. O cogumelo dá ao prato um sabor intenso e amendoado, mas não é um ingrediente essencial. Pode ser feita com 1 hora de antecedência.

6 cogumelos shiitake
1 colher (sopa) de óleo vegetal
8 ovos orgânicos
120 ml de Caldo de legumes (p. 162)
1 colher (sopa) de molho de soja light

Rende 4 porções

Descarte os talos dos cogumelos e corte os chapéus em fatias finas. Aqueça uma frigideira grande antiaderente em fogo médio e junte 2 colheres (chá) de óleo. Refogue o cogumelo até dourar levemente e escorra em papel-toalha.

Em uma jarra, bata os ovos e os demais ingredientes. Reaqueça a frigideira com o óleo restante em fogo baixo a médio; despeje a mistura de ovos em quantidade suficiente para cobrir o fundo, inclinando a frigideira para espalhar. Distribua alguns cogumelos por cima. Frite até firmar, sem deixar secar; solte as bordas com uma espátula e dobre três ou quatro vezes em direção a um dos lados da frigideira. (Pode ser mais fácil usar uma escumadeira, duas espátulas ou hashis.)

Despeje um pouco mais da mistura de ovo, incline para cobrir o fundo e deixe grudar na omelete cozida. Distribua mais cogumelos e cozinhe até firmar levemente. Solte as bordas, como no passo anterior, e enrole na direção oposta, incluindo o rolinho pronto de omelete.

Acrescente mais ovos e cogumelos, repetindo o processo para um lado e para o outro, até usar todos os ingredientes e obter um rolo comprido.

Abra um pedaço grande de papel-alumínio. Transfira a omelete para o centro do papel e enrole, para firmar. Mantenha aquecida até a hora de servir. Desembrulhe e corte em oito fatias ou quatro pedaços.

Cada porção contém

Carboidratos: 0,3 g; proteínas: 16 g; calorias: 216; fibras: 0,5 g; gorduras: 17 g (4 g de gordura saturada)

Ovo ao estilo de Kerala

Minha culinária é fortemente influenciada pela Índia, em parte por ser um paraíso vegetariano, mas também porque passei algum tempo em Kerala, o estado mais ao sul do país. Essa é a versão de um de meus pratos favoritos do café da manhã local. Fritar primeiro as sementes de mostarda deixa os ovos com um sabor amendoado autêntico e maravilhoso – se não conseguir encontrá-las, não se preocupe: basta pular esse passo e começar refogando a cebolinha, pimenta etc.

4 ovos orgânicos
1 colher (sopa) de óleo de girassol
½ colher (chá) de sementes de mostarda marrons ou pretas
2 cebolinhas picadas
1 pimenta vermelha fresca cortada em fatias ou picada (sem sementes, se for grande)
½ colher (chá) de gengibre fresco ralado fino
½ colher (chá) de cúrcuma em pó
1 tomate (cerca de 100 g) picado
um punhado de coentro fresco picado
sal e pimenta-do-reino moída na hora
2 colheres (chá) de iogurte grego, para servir (opcional)

Rende 2 porções

Em uma tigela, bata os ovos com uma boa pitada de sal, até espumar. Reserve.

Aqueça uma frigideira antiaderente em fogo médio a alto e coloque o óleo. Junte as sementes de mostarda e, quando começarem a estalar, diminua o fogo. Acrescente a cebolinha e a pimenta; refogue por aproximadamente 1 minuto, até soltar o aroma. Adicione o gengibre e a cúrcuma, mexa, junte o tomate e cozinhe por mais 1 minuto.

Quando o tomate estiver bem quente, despeje os ovos. Depois que a base firmar, comece a misturar delicadamente. Cozinhe até ficar quase firme, junte o coentro e retire do fogo. Sirva em pratos aquecidos com uma colherada de iogurte e muita pimenta-do-reino moída na hora.

Cada porção contém
Carboidratos: 2,5 g; proteínas: 16 g; calorias: 240; fibras: 0,7 g; gorduras: 19 g (5 g de gordura saturada)

Bowl de ovo e cogumelo de três minutos

O micro-ondas é perfeito para cozinhar vegetais que contêm muita água, como os cogumelos. E essa deve ser a receita com pouco carboidrato mais rápida do Ocidente! A quantidade é para uma porção individual, mas claro que pode ser multiplicada – embora seja melhor preparar uma por vez.

1 cogumelo portobello grande sem o talo
1 colher (chá) de azeite trufado ou azeite
sal marinho e pimenta-do-reino moída na hora
1 ovo orgânico
25 g de cheddar ou outro queijo maduro e picante cortado em 2 fatias
1 colher (chá) de soja crocante sabor bacon (opcional)

Rende 1 porção

Use um bowl que possa ser levado ao micro-ondas – grande o suficiente para acomodar o cogumelo, mas não muito maior. Coloque o cogumelo com as lamelas para cima, regue com o azeite e tempere com sal e pimenta-do-reino. (Nesta etapa, se quiser, acrescente um pouco de alho picado ou ervas frescas.)

Quebre o ovo sobre o cogumelo. Tempere levemente e fure a gema com um garfo, para não explodir. Cruze as fatias de queijo por cima e polvilhe com a soja crocante.

Cozinhe por 1 minuto no micro-ondas em potência alta. O tempo pode variar (1½-2 minutos) de acordo com a quantidade de água, o tamanho do cogumelo e do ovo, a potência do eletrodoméstico etc. Melhor julgar pelo queijo, que deve borbulhar e ficar levemente crocante, enquanto a clara precisa estar firme.

Cada porção contém

Carboidratos: 0,2 g; proteínas: 15 g; calorias: 223; fibras: 0,4 g; gorduras: 18 g (8 g de gordura saturada)

Ovos à florentina com cogumelo grelhado

Os muffins desse clássico inglês atemporal são substituídos por suculentos cogumelos portobello com aroma trufado – uma receita fabulosa para o brunch. É preciso fazer várias coisas ao mesmo tempo, mas vale a pena. Servir em pratos aquecidos é essencial – coloque-os na base do forno enquanto prepara os cogumelos.

4 cogumelos portobello grandes e planos
2 colheres (sopa) de azeite
2 colheres (chá) de azeite trufado (opcional)
4 ovos orgânicos
400 g de folhas novas de espinafre
1 receita de Molho holandês de liquidificador (p. 164)
sal e pimenta-do-reino moída na hora

Rende 4 porções

Primeiro, asse os cogumelos. Preaqueça o forno a 200°C. Corte e descarte os talos dos cogumelos. Pincele os chapéus com azeite e coloque-os em uma assadeira com as lamelas para cima. Tempere com sal e pimenta-do-reino e regue com o azeite restante e o azeite trufado, se usar. Asse por cerca de 8 minutos, até ficarem tenros. Mantenha-os aquecidos.

Enquanto isso, prepare os ovos. Ferva 2 cm de água em uma frigideira grande antiaderente. Diminua o fogo. Com cuidado, quebre um ovo de cada vez em uma xícara e coloque-os na água. Cozinhe por 2 minutos. Apague o fogo e deixe os ovos na água por 10 minutos, para obter gemas moles. Se preferir mais firmes, cozinhe por mais 1-2 minutos, até o ponto desejado. Forre um prato com duas camadas de papel-toalha. Com uma escumadeira, retire os ovos da frigideira e escorra sobre o papel. Mantenha-os aquecidos.

Coloque o espinafre em uma tigela refratária grande e despeje água fervente. Mexa até murchar, escorra e pressione com um espremedor de batata para retirar o excesso de líquido. Mantenha aquecido enquanto prepara o Molho holandês, que, de preferência, deve ser feito no momento de servir, mas pode apenas ser reaquecido se já estiver pronto.

Distribua os cogumelos entre quatro pratos aquecidos. Cubra com o espinafre e um ovo poché. Finalize com o molho e polvilhe com pimenta-do-reino.

Cada porção contém

Carboidratos: 2,5 g; proteínas: 14 g; calorias: 499; fibras: 3 g; gorduras: 48 g (23 g de gordura saturada)

Ovo mexido com cottage

Esses são os ovos mexidos mais saborosos e fáceis de fazer e ficam prontos em apenas 3 minutos. A intensidade e a textura agregadas pelo cottage tornam a torrada um acompanhamento irrelevante. Complete o café da manhã com uma ou duas salsichas vegetarianas (com pouco carboidrato, é claro – sempre confira a embalagem) cozidas no micro-ondas.

4 ovos orgânicos
4 colheres (sopa) de cottage escorrido
sal marinho e pimenta-do-reino moída na hora
1 colher (chá) de manteiga

Rende 2 porções

Em uma tigela, bata os ovos, o cottage e os temperos. Aqueça uma frigideira antiaderente em fogo baixo e junte a manteiga. Acrescente os ovos. Espere até que a parte de baixo esteja firme, então mexa com cuidado, apenas até ficar consistente. Sirva imediatamente.

(Se optar pelo preparo no micro-ondas, coloque a mistura de ovos em uma tigela e junte a manteiga. Cozinhe em potência alta por 1 minuto e mexa. Volte ao micro-ondas por mais 1-2 minutos, parando e mexendo com um garfo limpo a cada minuto, até atingir o ponto desejado.)

Cada porção contém

Carboidratos: 1 g; proteínas: 19 g; calorias: 228; fibras: 0 g; gorduras: 17 g (6 g de gordura saturada)

Panqueca de cottage com purê de framboesa

Uma pequena pilha dessas panquecas clássicas feitas ao estilo americano compõe um farto café da manhã. Também podem ser congeladas (depois de cozidas e frias) e então reaquecidas na torradeira, direto do freezer.

2 colheres (sopa) de farinha de soja
1 colher (chá) de adoçante
100 g de cottage
2 ovos orgânicos batidos
½ colher (chá) de fermento em pó
uma pitada generosa de sal
1 colher (chá) de óleo de girassol
Purê de framboesa (p. 165), para servir

Rende 2 porções

Preaqueça o forno a cerca de 120°C, para manter as panquecas aquecidas depois de cozidas.

Bata a farinha, o adoçante, o cottage, os ovos, o fermento e o sal até misturar bem, sem deixar nenhum grumo de farinha.

Aqueça uma frigideira grande antiaderente em fogo médio e adicione o óleo. Frite colheradas da massa. Quando estiverem douradas por baixo, vire com cuidado – elas ficam um pouco mais líquidas na superfície que as panquecas tradicionais. Frite do outro lado, transfira para um prato e mantenha-as aquecidas enquanto prepara o restante.

Sirva mornas, com o Purê de framboesa por cima.

Cada porção contém
Carboidratos: 5 g; proteínas: 17 g; calorias: 194; fibras: 2 g; gorduras: 12 g (3,5 g de gordura saturada)

Muffin de amêndoa

Esses bolinhos ricos em proteínas são ótimos para manhãs movimentadas. A receita rende vários muffins, que se mantêm por até 4 dias em um recipiente de fecho hermético e também podem ser congelados. É possível reduzir os ingredientes da massa ao meio ou em um terço, se quiser preparar uma quantidade menor.

Para a mistura seca

225 g de farinha de soja
150 g de amêndoa moída
3 colheres (chá) de fermento em pó
15 colheres (sopa) de adoçante
1 colher (chá) de sal

Para a mistura úmida

6 ovos orgânicos batidos
135 ml de coalhada ou sour cream com pouca gordura
1 colher (sopa) de extrato de baunilha
1½ colher (chá) de extrato de amêndoa
135 ml de óleo de girassol

Para decorar e servir

36 amêndoas sem pele
manteiga

Rende 12 unidades

Preaqueça o forno a 180°C. Unte ou forre com forminhas de papel uma assadeira para muffins com 12 cavidades. Reserve.

Misture os ingredientes secos em uma tigela, eliminando quaisquer grumos de farinha.

Em outra vasilha, bata os ingredientes úmidos. Acrescente os ingredientes secos e misture, sem mexer demais.

Distribua a massa entre as forminhas na assadeira e coloque 3 amêndoas por cima de cada bolinho. Asse por 20-30 minutos, até crescer, dourar e ficar firme. Espere 5 minutos e desenforme sobre uma grade. Sirva morno, acompanhado de manteiga.

Cada porção contém

Carboidratos: 6 g; proteínas: 14 g; calorias: 298; fibras: 3 g; gorduras: 24 g (4 g de gordura saturada)

02: ENTRADAS E SOPAS

Combine alguns desses pratos leves e monte uma mesa repleta de entradas deliciosas para servir como parte de um banquete ou como uma refeição equilibrada.

Caldo aromático de coco

Eis o mais parecido com leite de coco fresco que se pode obter – um método fácil para reconstituir a polpa seca e pressionar, para tirar o líquido. Todos se surpreendem com o sabor, leve e refrescante. Se não tiver tempo para fazer o leite fresco, use 400 ml de leite de coco industrializado mais 600 ml de água ou substitua-o por caldo de legumes.

250 g de coco seco ralado sem açúcar
1,25 litro de água fervente
4 cm de gengibre fresco sem casca
2 talos de capim-limão aparados
2 colheres (sopa) de molho de soja light ou a gosto
1 colher (sopa) de adoçante
50 g de cogumelo-de-paris cortado em fatias
50 g de buquês de brócolis picados
1 colher (sopa) de suco de limão-siciliano
um punhado de folhas de coentro fresco (opcional)

Rende 4 porções

Coloque o coco ralado em uma tigela, cubra com água fervente e espere esfriar. Depois, bata no liquidificador ou com o mixer até obter um purê. Passe-o por uma peneira, espremendo para extrair o máximo de leite possível; deve render um pouco menos de 1 litro.

Corte o gengibre e o capim-limão em fatias finas – é melhor fazer isso na hora, para potencializar o sabor. Junte em uma panela com o leite de coco, o molho de soja e o adoçante.

Ferva a mistura, diminua o fogo e cozinhe por 10 minutos, mexendo de vez em quando. Acrescente o cogumelo e os brócolis, deixe ferver novamente e cozinhe por 3 minutos. Transfira o caldo para tigelas pequenas. Tempere com um pouco de suco de limão, polvilhe com o coentro e sirva.

Cada porção contém

Carboidratos: 5 g; proteínas: 5 g; calorias: 388; fibras: 9 g; gorduras: 39 g (33 g de gordura saturada)

Caldo asiático de cogumelo

Cogumelos secos, como o shiitake, têm um sabor concentrado que se desprende nesse caldo leve e purificante, dando ao prato um toque intenso e levemente amendoado.

1 litro de Caldo de legumes (p. 162)
10 cogumelos shiitake desidratados, ou cerca de 10 g de outro tipo, lavados
1 colher (sopa) de óleo de girassol
1 dente de alho picado
2 cm de gengibre fresco picado
100 g de tofu firme cortado em cubinhos
150 g de cogumelos frescos variados (enoki, shimeji, ostra, shiitake) cortados em pedaços médios
1 colher (sopa) de molho de soja escuro
cerca de 20 g de folhas de agrião, mostarda ou shissô, ou outros brotos para salada, aparados e limpos

Rende 4 porções

Em uma panela, misture o caldo e o cogumelo desidratado. Espere ferver e cozinhe por pelo menos 15 minutos. (Se o shiitake parecer grande, use tesouras de cozinha para cortá-los dentro do caldo, depois de macios. Ou retire com uma escumadeira, espere esfriar um pouco, pique e leve de volta à panela.)

Enquanto isso, aqueça uma frigideira pequena em fogo médio com o óleo. Acrescente o alho, o gengibre e o tofu e refogue, sem parar de mexer, por cerca de 2 minutos, até desprender o aroma, mas sem dourar. Adicione o cogumelo fresco e mexa até ficar macio e suculento. Junte o molho de soja e retire do fogo.

Transfira o conteúdo da frigideira para o caldo fervente. Aumente o fogo, cozinhe por 5 minutos, prove e acerte o tempero. Transfira para tigelas, distribua as folhas por cima e sirva.

Cada porção contém

Carboidratos: 8 g; proteínas: 13 g; calorias: 141; fibras: 0,5 g; gorduras: 7 g (0,4 g de gordura saturada)

Sopa de porcini com tomilho

Cogumelos porcini secos são ingredientes mágicos na despensa: eles têm o poder de dar um toque de elegância a algo comum. Quando essa sopa aveludada está no fogo, a casa se enche de um delicioso aroma rústico.

25 g de cogumelo porcini seco
600 ml de Caldo de legumes (p. 162) ou água fervente
2 colheres (sopa) de azeite
3 dentes de alho amassados
500 g de cogumelo fresco maduro grosseiramente picado
1½ colher (chá) de sal
1 maço de tomilho fresco lavado e amarrado ou 1 colher (chá) de tomilho seco
150 ml de vinho madeira, xerez ou marsala
4 colheres (sopa) de coalhada ou sour cream com pouca gordura
4 colheres (sopa) de salsa picada
pimenta-do-reino moída na hora

Rende 4 porções

Lave o porcini para remover terra ou areia, coloque em uma tigela, cubra com o caldo fervente e reserve por 20 minutos. Escorra, reserve o líquido e pique o cogumelo grosseiramente.

Em uma panela, aqueça o azeite em fogo baixo a médio; acrescente o alho e refogue por alguns segundos, até liberar o aroma, sem deixar queimar ou dourar demais. Junte o porcini e o cogumelo fresco; tempere com sal e bastante pimenta-do-reino. Misture, tampe e cozinhe por cerca de 10 minutos, mexendo de vez em quando, até os cogumelos murcharem e soltarem líquido.

Adicione o tomilho e o vinho. Passe o líquido reservado do porcini por uma peneira fina, para eliminar impurezas. Acrescente à panela, espere ferver, diminua o fogo e cozinhe, sem tampar, durante 10 minutos. Deixe esfriar um pouco, descarte o tomilho amarrado e bata a sopa no processador ou com o mixer. Prove e acerte o tempero. A textura pode variar dependendo da suculência dos cogumelos; se parecer muito densa, dilua com um pouco de água fervente. Transfira para as tigelas de servir e finalize com uma colherada de coalhada e salsa.

Cada porção contém

Carboidratos: 7 g; proteínas: 4 g; calorias: 163; fibras: 1,5 g; gorduras: 8 g (2,5 g de gordura saturada)

Sopa de flor de ovo

A "flor" no nome dessa receita refere-se à aparência dos ovos, que se assemelham a pétalas de crisântemo à medida que cozinham nessa sopa deliciosa e saudável. As hortaliças podem ser adaptadas de acordo com o que estiver disponível – é possível usar espinafre, agrião, aspargo ou abobrinha italiana e acrescentar um pouco mais de gengibre ou pimenta, se preferir.

- 1 colher (sopa) de óleo de girassol
- 100 g de cebolinha picada
- 2 colheres (chá) de sementes de gergelim
- 100 g de brócolis picados
- 100 g de repolho verde ralado fino
- 1 litro de Caldo de legumes (p. 162)
- 1 colher (sopa) de vinagre de arroz
- 1 colher (chá) de mistura de cinco especiarias chinesas*
- 3 ovos orgânicos
- 2 colheres (sopa) de molho de soja light
- 1 colher (sopa) de xerez seco
- sal marinho e pimenta-do-reino moída na hora

* Mistura de anis-estrelado, canela, cravo, endro e pimenta, todos em pó.

Rende 4 porções

Aqueça o óleo em uma panela em fogo baixo a médio. Coloque a cebolinha e as sementes de gergelim; refogue por cerca de 2 minutos, até as sementes começarem a dourar. Acrescente os brócolis e o repolho (ou hortaliças à sua escolha) e continue refogando por cerca de 1 minuto, até intensificar a cor verde. Adicione o caldo, tempere com sal e pimenta-do-reino e junte o vinagre e a mistura de especiarias. Deixe ferver.

Enquanto isso, bata os ovos, o molho de soja e o xerez em uma jarra. Despeje sobre a sopa fervente em um fio contínuo, mexendo rapidamente e sem parar. Os ovos ficam firmes na mesma hora, e a sopa está pronta para ser servida.

Cada porção contém

Carboidratos: 5 g; proteínas: 9 g; calorias: 150; fibras: 2 g; gorduras: 10 g (2 g de gordura saturada)

Timbale de berinjela defumada

A palavra "timbale" descreve qualquer prato feito em fôrmas pequenas e redondas, seja em camadas – como este – ou sólido, a exemplo do Timbale de pimentão vermelho e queijo de cabra (p. 45). Escolha berinjelas arredondadas com aproximadamente a mesma circunferência dos ramequins, mas lembre-se de que elas encolhem muito depois de cozidas. O pesto defumado tem um sabor delicioso e pode ser usado como molho em outras receitas (veja Abóbora-espaguete com pesto de pimenta defumada, p. 80).

2 berinjelas grandes (cerca de 500 g no total)
2 dentes de alho cortados em fatias
azeite
125 g de ricota
sal e pimenta-do-reino moída na hora
50 g de folhas de rúcula ou manjericão, para decorar

Para o pesto defumado
1 colher (chá) de páprica defumada suave
1 maço de manjericão fresco
50 g de pinhole
1 dente de alho
25 g de parmesão ralado na hora
3 colheres (sopa) de azeite
uma pitada de sal

Rende 4 porções

Preaqueça o forno a 190°C.

Corte a berinjela em rodelas de 1 cm de espessura. Em uma xícara, misture o alho e um pouco de azeite e pincele os dois lados das rodelas. Coloque-as em uma assadeira e jogue o alho fatiado por cima. Tempere com sal e pimenta-do-reino e asse por 20-30 minutos, até ficarem macias e quase douradas. Espere esfriar.

Para o pesto, bata todos os ingredientes no processador, acrescentando o azeite no final. Prove e acerte o tempero.

Pincele quatro ramequins com azeite e forre cada um com uma fatia de berinjela. Cubra com 1 colher (sopa) de ricota, uma colherada generosa de pesto e outra fatia de berinjela. Faça outra camada de ricota, pesto e berinjela. (Algumas fatias serão menores que as outras, portanto use quantos pedaços de berinjela forem necessários para completar a camada.)

Coloque os ramequins em uma assadeira e leve ao forno por 15-20 minutos, até começar a crepitar. Deixe esfriar um pouco antes de desenformar. Para tirar do ramequim, coloque um prato sobre cada um deles e vire. Enfeite com folhas de rúcula ou manjericão e sirva.

Cada porção contém
Carboidratos: 5 g; proteínas: 16 g; calorias: 541; fibras: 3 g; gorduras: 51 g (11 g de gordura saturada)

Timbale de pimentão vermelho e queijo de cabra

Um creme elegante e aveludado, de tonalidade coral, que pode ir à mesa morno ou frio com uma pequena salada de folhas. Para um almoço leve e requintado, sirva com a Salada de avocado e limão-siciliano (p. 128).

2 pimentões vermelhos (cerca de 325 g) cortados ao meio e sem o miolo
300 g de queijo de cabra suave e cremoso sem casca
1 dente de alho socado no pilão com sal ou espremido
2 ovos orgânicos
uma pitada generosa de noz-moscada ralada na hora
manteiga, para untar
sal e pimenta-do-reino moída na hora

Rende 4 porções

Preaqueça o grill ou o forno na potência máxima. Coloque o pimentão em uma assadeira, com o lado cortado para baixo, e grelhe ou asse até a pele ficar preta e chamuscada. Transfira para um saco plástico, amarre, deixe suar até ficar frio e então retire a pele.

Ajuste a temperatura do forno a 150°C. Coloque o pimentão, o queijo e o alho no processador e bata até obter um creme homogêneo. Tempere a gosto. Junte os ovos, um de cada vez, e a noz-moscada. Bata até ficar completamente liso.

Unte generosamente quatro ramequins com manteiga e coloque-os em uma assadeira ou refratário. Divida a massa entre as forminhas. Encha a assadeira até a metade da altura dos ramequins com água fervente. Asse por 30 minutos, até ficar firme. Retire do forno, coloque sobre uma grade para esfriar um pouco e então desenforme (coloque um prato sobre a forminha e vire). Retire o ramequim e sirva.

Outra opção é colocar para gelar e servir frio. Para soltar os timbales, mergulhe os ramequins em uma vasilha com água quente e então vire-os sobre os pratos.

Cada porção contém

Carboidratos: 6 g; proteínas: 21 g; calorias: 310; fibras: 1 g; gorduras: 23 g (14 g de gordura saturada)

Cogumelo com creme de queijo azul

Esses petiscos suculentos são bons acompanhados de uma salada crocante de alface-romana ou roxa temperada com um pouco de sal, vinagre de vinho branco e azeite. Ou transforme-os em prato principal, servidos com Purê de abóbora e nabo-redondo (p. 136).

- 6 cogumelos-de-paris ou portobello grandes (cerca de 340 g) sem os talos
- 2 colheres (sopa) de azeite
- 2 dentes de alho picados
- sal marinho e pimenta-do-reino moída na hora

Para o creme de queijo azul

- 75 g de queijo azul, como stilton, roquefort ou gorgonzola, esfarelado
- 150 ml de coalhada
- 2 gemas de ovo orgânico
- 1 colher (sopa) de estragão fresco bem picado, mais um pouco para decorar

Rende 6 porções

Preaqueça o forno a 180°C. Pincele os cogumelos com metade do azeite e coloque-os em um refratário, em uma única camada, com as lamelas para cima. Polvilhe com o alho, regue com o azeite restante e tempere com sal e pimenta-do-reino.

Bata o queijo, a coalhada, as gemas e o estragão com uma pitada de sal. Distribua colheradas da mistura sobre os cogumelos. Asse por cerca de 20 minutos, até o creme ficar firme e borbulhante e os cogumelos estarem macios. Polvilhe com mais estragão e sirva.

Cada porção contém

Carboidratos: 1 g; proteínas: 6 g; calorias: 207; fibras: 0,7 g; gorduras: 20 g (11 g de gordura saturada)

Pimentão recheado com halloumi

Essa é uma das minhas maneiras preferidas de rechear pimentão sem ter trabalho. E a receita é fácil de multiplicar, caso seja necessário servir muitas pessoas. Boa pedida para acompanhar a Berinjela assada com molho de endro (p. 133).

2 pimentões vermelhos pequenos
4 folhas de manjericão
1 dente de alho grande cortado em fatias
1 colher (sopa) de pinhole
75 g de halloumi ou feta cortado em 4 fatias ou cubos
4 colheres (sopa) de azeite

Rende 2 porções como prato principal ou 4 como acompanhamento

Preaqueça o forno a 200°C.

Corte os pimentões ao meio na vertical e retire as sementes, mantendo os talos. Disponha-os em uma assadeira com a pele voltada para baixo. Em cada metade, coloque uma folha de manjericão, distribua o alho e o pinhole, cubra com uma fatia de halloumi e finalize com 1 colher (sopa) de azeite.

Asse por 20-30 minutos, até o queijo dourar.

Cada porção contém

Carboidratos: 4 g; proteínas: 4 g; calorias: 195; fibras: 1,25 g; gorduras: 17 g (4,5 g de gordura saturada)

Rarebit de berinjela

Essa receita* é uma delícia de queijo que satisfaz e aquece, com rodelas de berinjela assada em substituição à torrada tradicional.

1 berinjela grande cortada em 8 rodelas
1 colher (sopa) de azeite, mais um pouco para untar e pincelar
4 echalotas ou 1 cebola média cortada em fatias
5 colheres (sopa) de vinho branco
100 g de cheddar (ou outro queijo maduro e picante) ralado
1 colher (chá) de mostarda em pó
2 ovos orgânicos batidos
sal e pimenta-do-reino moída na hora

Rende 4 porções

Preaqueça o forno a 190°C.

Pincele as rodelas de berinjela com azeite e coloque-as em uma assadeira forrada com papel-manteiga. Tempere com sal e pimenta-do-reino. Asse por 20-30 minutos, até a berinjela ficar macia e começar a dourar.

Preaqueça o grill na temperatura máxima ou regule o forno para 220°C.

Aqueça uma panela em fogo médio. Junte 1 colher (sopa) de azeite e refogue a echalota até ficar macia. Diminua a chama ao mínimo. Acrescente o vinho, o cheddar e a mostarda, mexendo até derreter o queijo. Adicione os ovos e misture até engrossar um pouco, mas retire antes que se transformem em ovos mexidos. Espalhe a mistura sobre a berinjela e grelhe ou asse até crescer e dourar. Polvilhe com a pimenta-do-reino e sirva.

Cada porção contém

Carboidratos: 3 g; proteínas: 11 g; calorias: 200; fibras: 2 g; gorduras: 15 g (7 g de gordura saturada)

* Rarebit é um prato tradicional da Grã-Bretanha, feito de torradas cobertas com um molho de queijo, mostarda e cheddar, levado ao forno para grelhar.

Berinjela com especiarias

Nesse modo de preparo diferente, a berinjela é cozida em um caldo aromático que é reduzido em um molho espesso e, ao final, forma uma crosta levemente tostada. Use uma frigideira antiaderente grande e com tampa. Mas lembre-se: não mexa. Sirva com salada ou espinafre cozido.

2 berinjelas médias (cerca de 600 g) cortadas em cubos de 2,5 cm
2 colheres (chá) de sementes de coentro levemente amassadas
1 colher (chá) de sementes de cominho
½ colher (chá) de cúrcuma em pó
1 colher (chá) de sal ou a gosto
1 pimenta verde grande cortada em 3-4 pedaços
um punhado grande de coentro fresco picado
pimenta-do-reino moída na hora
250 ml de água
50 g de manteiga cortada em cubos

Rende 4 porções

Distribua a berinjela em uma camada única no fundo de uma frigideira grande antiaderente. Polvilhe com as sementes de coentro e de cominho, a cúrcuma, o sal, a pimenta verde e o coentro; tempere com pimenta-do-reino. Despeje a água e espalhe a manteiga por cima. Tampe, leve ao fogo alto e espere ferver. Chacoalhe a frigideira com cuidado algumas vezes e diminua o fogo, para que a mistura apenas borbulhe. Cozinhe, tampada e sem mexer, por cerca de 20 minutos. Olhe de vez em quando para saber se a água não secou – nesse caso, acrescente um pouco mais.

Depois de 20 minutos, a berinjela deve estar macia e o líquido deve ter se transformado em uma calda densa. Não mexa. Destampe e aumente o fogo. Cozinhe o molho até começar a formar uma crosta na base da frigideira. Retire do fogo.

Reserve por 2 minutos, então mexa, envolvendo a berinjela com a crosta. Sirva quente ou fria.

Cada porção contém

Carboidratos: 3,5 g; proteínas: 1,5 g; calorias: 116; fibras: 3 g; gorduras: 11 g (7 g de gordura saturada)

03:

ALMOÇO LEVE

Sopas e saladas renovam a energia no almoço, mas também são ótimas para serem servidas em noites frias ou amenas.

Salada Caesar com ovo e avocado

Chamo essa salada de "Caesar" devido ao molho forte à base de ovos, que lembra a receita clássica. Complementada por avocado e azeitona, transforma-se em um substancial almoço ou jantar.

- **6 ovos orgânicos**
- **4 colheres (sopa) de parmesão ralado na hora**
- **4 colheres (sopa) de vinagre de vinho branco**
- **1 colher (chá) de molho inglês vegetariano ou molho de soja light**
- **um punhado pequeno de cebolinha-francesa picada**
- **sal e pimenta-do-reino moída na hora**
- **4 colheres (sopa) de azeite**
- **2 avocados maduros**
- **suco de ½ limão-siciliano**
- **2 maços de alface-romana rasgada em pedaços**
- **100 g de azeitona preta de boa qualidade, como kalamata**

Rende 4 porções

Coloque os ovos em uma panela pequena, cubra com água e espere ferver. Cozinhe por 7 minutos, escorra e lave em água corrente até esfriar. Descasque e lave novamente.

Para o molho, coloque 2 ovos em uma tigela e amasse bem com um garfo. Junte o parmesão, o vinagre, o molho inglês e a cebolinha, tempere com sal e pimenta-do-reino e mexa bem. Acrescente o azeite aos poucos, batendo com o garfo. (Para um molho completamente homogêneo, bata com o mixer ou no processador.)

Corte os ovos restantes em quartos. Na hora de servir, descasque e corte os avocados em quartos e borrife com um pouco de suco de limão, para evitar que escureçam. Faça uma cama de alface em cada prato e cubra com o avocado, o ovo e a azeitona. Regue com o molho.

Cada porção contém

Carboidratos: 2 g; proteínas: 20 g; calorias: 480; fibras: 3,5 g; gorduras: 43 g (11 g de gordura saturada)

Sopa de aipo-rábano ao curry com azeite de coentro

Agradeço aos céus pelo aipo-rábano, uma das poucas raízes de baixo carboidrato. Ele deixa a sopa com uma textura cremosa e gostosa. Amêndoas moídas acrescentam intensidade e proteínas. Embora as especiarias inteiras sempre forneçam o melhor sabor, é possível usá-las em pó, caso esteja com pressa. O azeite de coentro é opcional, mas faz com que a aparência e o sabor da sopa fiquem ainda mais fabulosos.

2 colheres (chá) de sementes de coentro
1 colher (chá) de sementes de cominho
½ colher (chá) de pimenta vermelha em flocos ou a gosto
25 g de manteiga
2 colheres (chá) de cúrcuma em pó
1 cebola grande picada
3 dentes de alho picados
2,5 cm de gengibre fresco picado
4 colheres (sopa) de amêndoa moída
750 g de aipo-rábano* cortado em cubos
1,2 litro de Caldo de legumes (p. 162)
sal e pimenta-do-reino moída na hora

Para o azeite de coentro
1 dente de alho pequeno
½ colher (chá) de sal marinho grosso
um punhado de folhas de coentro
4 colheres (sopa) de azeite

4 colheres (sopa) de creme de leite fresco, para servir

* Uma alternativa ao aipo-rábano é o inhame, na mesma proporção.

Rende 6 porções

Passe as sementes de coentro, cominho e a pimenta em flocos por um moedor de especiarias ou amasse em um pilão. Derreta a manteiga em uma panela em fogo baixo. Junte as especiarias moídas e a cúrcuma; frite por cerca de 1 minuto, até desprender seu perfume. Acrescente a cebola, tampe e refogue por cerca de 5 minutos, até ficar translúcida. Adicione o alho, o gengibre e a amêndoa e continue refogando por mais 1 minuto. Junte o aipo-rábano e o caldo; espere ferver. Cozinhe por 20 minutos, até a raiz ficar macia. Bata com um mixer ou no processador, até ficar homogêneo. Tempere com sal e pimenta-do-reino.

Para o azeite de coentro, passe todos os ingredientes por um moedor de especiarias ou pelo processador ou amasse em um pilão até obter uma pasta homogênea.

Para servir, distribua a sopa em tigelas, acrescente o azeite de coentro e o creme de leite. O Pão crocante de gergelim e pimenta-do-reino (p. 108) é um bom acompanhamento.

Cada porção contém
Carboidratos: 6 g; proteínas: 4,5 g; calorias: 237; fibras: 6 g; gorduras: 21 g (7 g de gordura saturada)

Sopa de couve-flor, coco e cardamomo

Nessa sopa densa e substancial, os três ingredientes principais se unem em uma combinação deslumbrante. É possível prepará-la com duas texturas: empelotada ou cremosa.

1 colher (sopa) de óleo de girassol
500 g de couve-flor picada
150 g de abobrinha italiana picada
2 dentes de alho picados
3 cebolinhas (partes branca e verde-clara) picadas
sal marinho e pimenta-do-reino moída na hora
½ colher (chá) de sementes de cardamomo em pó ou passadas pelo pilão ou moedor de especiarias (cerca de 10 bagas)
uma boa pitada de noz-moscada ralada na hora
250 ml de leite de coco
375 ml de Caldo de legumes (p. 162)

Rende 4 porções

Aqueça uma panela com tampa em fogo médio; junte o óleo. Acrescente a couve-flor, a abobrinha, o alho, a cebolinha, uma pitada de sal e pimenta-do-reino, o cardamomo e a noz-moscada. Misture e refogue por cerca de 10 minutos, mexendo de vez em quando.

Adicione o leite de coco e o caldo. Espere ferver e cozinhe por 10 minutos, ou até a couve-flor ficar macia. Deixe esfriar um pouco. Para uma textura mais densa, amasse os ingredientes com um espremedor de batata. Se quiser a sopa homogênea, bata com o mixer.

O Pão crocante de gergelim e pimenta-do-reino (p. 108) é um bom acompanhamento.

Cada porção contém

Carboidratos: 8 g; proteínas: 8 g; calorias: 192; fibras: 3 g; gorduras: 15 g (6 g de gordura saturada)

Salada de tofu e folhas verdes com especiarias chinesas

O tofu precisa apenas de um pouco de atenção para ganhar vida. Esse preparo simples confere a ele um sabor rico e uma textura leve e crocante por fora e cremosa por dentro.

500 g de tofu fresco e firme
4 colheres (sopa) de óleo de girassol
6 cebolinhas cortadas em fatias
4 dentes de alho cortados em fatias
4 cm de gengibre fresco ralado
2 colheres (chá) da mistura de cinco especiarias chinesas (p. 40)
sal
4 colheres (sopa) de molho de soja escuro
2 colheres (sopa) de vinagre de arroz
2 colheres (sopa) de adoçante
200 g de folhas baby para salada*

*** Sugestão de folhas baby: rúcula, alface e agrião.**

Rende 4 porções

Escorra o tofu e embrulhe-o em papel-toalha.

Corte o tofu em cubos de 2,5 cm. Aqueça o óleo em uma frigideira antiaderente grande em fogo médio e adicione o tofu, a cebolinha, o alho, o gengibre, a mistura de especiarias e uma pitada de sal. Refogue, sem parar de mexer, por cerca de 3 minutos, até o tofu dourar levemente.

Acrescente o molho de soja, o vinagre e o adoçante. Quando tudo estiver aquecido, retire a frigideira do fogo. Transfira para uma tigela e deixe esfriar.

Junte a mistura às folhas de salada e sirva imediatamente.

Cada porção contém

Carboidratos: 3 g; proteínas: 12 g; calorias: 210; fibras: 0,7 g; gorduras: 17 g (2 g de gordura saturada)

Salada de tofu, hortelã e palmito com molho picante

Hortelã, gengibre, alho, pimenta e sementes de gergelim resultam em uma combinação harmoniosa nessa salada rica em texturas e de sabor suave. Se preferir, substitua o palmito por castanha-portuguesa cozida.

250 g de tofu firme fresco escorrido, seco e cortado em cubos de 2 cm
1 receita de Molho agridoce de pimenta (p. 166) feito com pimenta verde
2 colheres (sopa) de sementes de gergelim
2 colheres (chá) de óleo de gergelim
8 folhas de acelga-chinesa (os talos picados e as folhas inteiras)
folhas de 1 maço pequeno de hortelã fresca
400 g de palmito escorrido e fatiado na diagonal
2,5 cm de gengibre cortado em lascas

Rende 4 porções

Coloque o tofu em uma vasilha rasa e cubra com o molho. Deixe marinar em temperatura ambiente por 30 minutos, ou por mais tempo, na geladeira.

Aqueça uma frigideira em fogo médio e junte as sementes de gergelim. Deixe tostar, mexendo de vez em quando, até dourar e começar a estourar. Transfira para uma tigela pequena e espere esfriar.

Escorra o tofu e misture o molho com o óleo de gergelim, batendo bem.

Para montar a salada, disponha duas folhas de acelga-chinesa em quatro pratos. Misture os talos picados, a hortelã, o palmito e o gengibre; distribua entre os pratos. Cubra com o tofu marinado e as sementes de gergelim tostadas. Regue a salada com o molho.

Cada porção contém

Carboidratos: 4 g; proteínas: 8,5 g; calorias: 135; fibras: 1 g; gorduras: 8 g (1 g de gordura saturada)

Salada cipriota

Semelhante à salada grega (outra opção com pouco carboidrato), essa receita usa o queijo característico de Chipre, halloumi, para substituir o feta. Se não encontrá-lo, experimente cortar o feta da mesma maneira, em fatias, e grelhar até dourar.

100 g de buquês de brócolis
½ pepino (cerca de 150 g) picado grosseiramente
3 talos de aipo picados grosseiramente
1 pimentão verde sem miolo picado grosseiramente
1 pimentão vermelho sem miolo picado grosseiramente
50 g de azeitona preta, como kalamata
um punhado de salsa picada
um punhado de folhas de hortelã fresca picadas
250 g de halloumi cortado em 8 fatias na horizontal
suco de ½ limão-siciliano

Para o molho

½ cebola roxa pequena picada
2 colheres (sopa) de suco fresco de limão-siciliano
1 colher (chá) de tomilho fresco ou seco
sal marinho e pimenta-do-reino moída na hora
4 colheres (sopa) de azeite extravirgem

Rende 4 porções

Primeiro, prepare o molho. Misture a cebola, o suco de limão e o tomilho; tempere com sal e pimenta-do-reino. Acrescente o azeite, batendo com um garfo. Prove e, se necessário, acerte o tempero. Reserve, para que os sabores se misturem enquanto prepara a salada.

Cozinhe os brócolis no micro-ondas, na água ou no vapor por 3 minutos, até ficar macio. Passe por água fria corrente, escorra e seque.

Em uma tigela, misture os brócolis, o pepino, o aipo, os pimentões, a azeitona e as ervas.

Na hora de servir, aqueça uma frigideira antiaderente grande em fogo médio e não acrescente óleo. Coloque as fatias de queijo e grelhe até dourar por baixo; vire e grelhe o outro lado. Enquanto isso, regue a salada com o molho e distribua entre os pratos.

Assim que o halloumi dourar, esprema o suco de limão sobre o queijo na frigideira quente e retire do fogo. Coloque sobre a salada e sirva imediatamente.

Cada porção contém

Carboidratos: 8 g; proteínas: 12 g; calorias: 311; fibras: 3 g; gorduras: 25 g (10 g de gordura saturada)

Salada morna de cogumelos

Tive a sorte de ser convidada pelo UKTV Food para apresentar um minidocumentário sobre uma produtora de cogumelos em Kent, no sudeste da Inglaterra. O fazendeiro, Nigel Baddeley, cultiva variedades exóticas do Japão: shimeji, nameko e eryngui, cada uma com sabor único e amendoado. Criei essa receita com os produtos que ele me deu, mas é possível usar qualquer combinação de cogumelos silvestres ou cultivados, principalmente shiitake e ostra.

25 g de manteiga
2 dentes de alho picados
300 g de cogumelos variados (selvagens e cultivados), cortados em fatias se forem grandes
1 colher (chá) de folhas frescas de tomilho
100 ml de vinho madeira
75 g de mascarpone
2 alfaces-romanas baby
sal marinho e pimenta-do-reino moída na hora

Rende 4 porções

Derreta a manteiga em uma frigideira grande em fogo baixo; refogue o alho até desprender o aroma. Junte os cogumelos, tempere com sal e pimenta-do-reino e mantenha em fogo baixo, até ficar macio. Acrescente o tomilho e o vinho; cozinhe por mais 2 minutos. Misture o mascarpone e aqueça até cobrir os cogumelos. Retire do fogo e espere esfriar um pouco.

Distribua as folhas de alface nos pratos e coloque a mistura de cogumelos morna sobre elas. Sirva imediatamente.

Cada porção contém

Carboidratos: 1 g; proteínas: 2 g; calorias: 171; fibras: 1 g; gorduras: 14 g (9 g de gordura saturada)

Salada morna de ovo poché com molho de estragão

Minha grande amiga Jennifer Joyce gentilmente deixou que eu reproduzisse essa receita de seu belo livro *The Well-Dressed Salad*. Ela garante que o ideal é acompanhar o prato "com uma taça de vinho branco da Borgonha gelado". Concordo plenamente – e cada taça tem apenas 1 g de carboidrato!

4 ovos orgânicos
200 g de vagem aparada
1 colher (sopa) de azeite
sal

Para o molho

2 colheres (chá) de mostarda de Dijon
1 colher (chá) de vinagre de vinho tinto
½ colher (chá) de sal marinho
pimenta-do-reino moída na hora
175 ml de azeite
1 colher (sopa) de alcaparra lavada e picada
1 colher (sopa) de salsa bem picada
folhas picadas de 2 ramos de estragão
1 colher (sopa) de echalota bem picada

Rende 4 porções

Primeiro, cozinhe os ovos. Ferva 2 cm de água em uma frigideira antiaderente grande. Diminua o fogo. Com cuidado, quebre um ovo de cada vez dentro de uma xícara e deslize-o para a água. Cozinhe por 2 minutos. Apague o fogo e deixe os ovos na frigideira por 10 minutos – estarão perfeitos, caso prefira a gema meio mole. Se quiser mais cozida, volte ao fogo por 1-2 minutos, até o ponto desejado. Coloque duas folhas de papel-toalha sobre um prato. Retire os ovos com uma escumadeira e seque levemente sobre o papel. Se necessário, mantenha-os aquecidos.

Enquanto isso, cozinhe a vagem e prepare o molho. Ferva água salgada em uma panela pequena. Escalde a vagem por cerca de 2 minutos. Escorra e passe por água fria corrente ou mergulhe em água gelada para interromper o cozimento.

Para o molho, bata em uma tigela pequena a mostarda, o vinagre, sal e pimenta-do-reino a gosto. Acrescente o azeite aos poucos, sem parar de bater, para emulsionar. Junte a alcaparra, as ervas e a echalota.

Volte a vagem à panela e adicione o azeite. Aqueça em fogo médio. Coloque em pratos de servir, cubra com um ovo e regue com o molho.

Cada porção contém

Carboidratos: 4 g; proteínas: 9 g; calorias: 436; fibras: 1,5 g; gorduras: 42 g (7 g de gordura saturada)

Tofu teriyaki com brócolis assados

Teriyaki é uma combinação intensa e poderosa de sabores japoneses que ressalta o melhor do tofu – os brócolis são ótimos acompanhamentos. Sirva com algumas fatias de pepino gelado para equilibrar os sabores agridoces.

100 ml de molho de soja escuro
200 ml de xerez seco
1 cm de gengibre bem ralado
200 g de tofu firme seco em papel-toalha e cortado em dois triângulos
4 colheres (chá) de óleo de girassol
200 g de buquês de brócolis
fatias de pepino, para servir (opcional)

Rende 2 porções

Preaqueça o forno a 200°C. Coloque o molho de soja, o xerez e o gengibre em uma frigideira pequena e espere ferver. Junte o tofu e cozinhe por 5 minutos; vire-o e cozinhe por mais 5 minutos. Com cuidado, retire-o do molho e coloque em um refratário levemente untado. Reserve o molho. Pincele a superfície e os lados do tofu com 2 colheres (chá) de óleo.

Coloque os brócolis em uma tigela e misture o óleo restante. Distribua-os em torno do tofu e regue tudo com o molho. Asse por 25 minutos, até os brócolis ficarem cozidos, mas levemente crocantes. Sirva quente com fatias de pepino, se preferir.

Cada porção contém

Carboidratos: 1,7 g; proteínas: 7 g; calorias: 116; fibras: 2 g; gorduras: 9 g (1 g de gordura saturada)

Tortilha à moda espanhola com abobrinha e manchego

Escolha uma frigideira antiaderente, com aproximadamente 25 cm de diâmetro, com um cabo que possa ser colocado no forno. Pode parecer pequena para fritar a abobrinha, mas essa hortaliça encolhe bastante.

2 colheres (sopa) de azeite
750 g de abobrinha italiana cortada em fatias bem finas
sal marinho e pimenta-do-reino moída na hora
3 ovos orgânicos
100 g de manchego, feta ou outro queijo picante cortado em cubinhos

Rende 6 porções

Aqueça uma frigideira pequena antiaderente em fogo médio e junte 1 colher (sopa) de azeite. Acrescente a abobrinha, tempere com um pouco de sal e pimenta-do-reino e refogue, mexendo com frequência, até ficar macia e dourada.

Preaqueça o forno ao máximo. Quebre os ovos em uma tigela grande e bata bem, juntando um pouco de sal e pimenta. Adicione a abobrinha e o queijo e misture bem.

Volte a frigideira ao fogo e despeje o azeite restante. Acrescente a mistura de ovos.

Frite, soltando as beiradas de vez em quando, até dourar por baixo e soltar quando chacoalhar a frigideira. Leve ao forno e asse até o ovo firmar e a superfície dourar. Desenforme a tortilha com cuidado e espere esfriar. Sirva morna ou fria, cortada em fatias.

Cada porção contém

Carboidratos: 2,5 g; proteínas: 10 g; calorias: 187; fibras: 1 g; gorduras: 15 g (5 g de gordura saturada)

04:

PRATOS PRINCIPAIS

Ofereça aos amigos e à sua família esses pratos reforçados – tortas, gratinados, cozidos, curries e *comfort food*. Mesmo quem não aderiu a uma dieta de baixo índice de carboidrato ficará satisfeito.

Panqueca de aspargo à moda vietnamita

A massa de coco, invenção minha, ficou deliciosa nas panquecas à moda vietnamita, complementadas com pepino, salada de ervas e molho agridoce. Se não for época de aspargo, experimente usar broto de feijão levemente salteado ou apenas recheie com palitinhos de pepino, coentro e hortelã.

2 maços de aspargo (cerca de 250 g)
4 colheres (chá) de óleo de girassol
4 cebolinhas cortadas em fatias

Para a massa
4 colheres (sopa) de farinha de soja
3 ovos orgânicos
100 ml de leite de coco
½ colher (chá) de cúrcuma em pó
uma pitada grande de sal

Para servir
½ pepino (cerca de 150 g) cortado em palitinhos ou fatias
4 ramos de coentro fresco
4 ramos de hortelã fresca
1 receita de Molho agridoce de pimenta (p. 166)

Rende 4 porções

Preaqueça o forno a 120°C para manter os alimentos aquecidos. Cozinhe o aspargo no vapor ou no micro-ondas por 3 minutos, ou até o ponto desejado. Mantenha aquecido.

Para a massa, bata no liquidificador a farinha, os ovos, o leite de coco, a cúrcuma e o sal, até ficar homogênea. Aqueça uma frigideira antiaderente em fogo médio e junte 1 colher (chá) de óleo. Despeje um quarto da massa, em uma camada fina, e incline a frigideira para cobrir a base. Jogue um quarto da cebolinha sobre a panqueca antes de ficar firme. Quando dourar por baixo, vire e doure o outro lado. Transfira para um prato e mantenha aquecida. Prepare as outras panquecas da mesma maneira, acrescentando 1 colher (chá) de óleo à frigideira antes de fritar cada porção.

Para servir, enrole uma panqueca em torno de um punhado de aspargos, começando da beirada. Sirva com pepino, coentro, hortelã e uma tigela pequena de Molho agridoce de pimenta.

Cada porção contém
Carboidratos: 7 g; proteínas: 14 g; calorias: 230; fibras: 3,6 g; gorduras: 16 g (2 g de gordura saturada)

Cheesecake de rúcula e ricota

Um bolo salgado e cremoso, realçado com a rúcula e as ervas. Sirva com uma salada crocante de folhas ou, para uma refeição completa, com o Refogado de erva-doce e pimentão (p. 132).

manteiga, para untar
75 g de nozes picadas
1 colher (sopa) de azeite
3 dentes de alho picados
3 cebolinhas picadas
200 g de rúcula grosseiramente picada
3 colheres (sopa) de ervas frescas picadas (como salsa, manjericão e endro), mais um pouco para decorar
3 ovos orgânicos
500 g de ricota escorrida
4 colheres (sopa) de parmesão ralado na hora, mais algumas lascas, para decorar
sal marinho e pimenta-do-reino moída na hora

Rende 6 porções

Preaqueça o forno a 160°C. Unte uma fôrma de fundo removível com 20 cm de diâmetro. Triture as nozes no processador e pressione para forrar a base e as laterais da fôrma.

Aqueça uma frigideira em fogo baixo e junte o azeite. Frite o alho e a cebolinha por 1 minuto, até desprender o aroma. Acrescente a rúcula e as ervas; refogue por 1-2 minutos, até murchar. Retire do fogo.

Coloque os ovos, a ricota, o parmesão e a mistura de rúcula no processador limpo; tempere com sal e pimenta-do-reino. Bata até obter um creme homogêneo. Transfira para a fôrma e asse por aproximadamente 45 minutos, até dourar e firmar. Desenforme, corte em fatias e sirva morno.

Cada porção contém

Carboidratos: 3 g; proteínas: 15 g; calorias: 293; fibras: 0,8 g; gordura 24 g (9 g de gordura saturada)

Salada morna de berinjela e camembert

Prepare-se para o prazer sem culpa com essa salada requintada. Salgar a berinjela evita que absorva muito óleo.

2 berinjelas médias cortadas em rodelas de 1 cm
azeite
4 echalotas cortadas em fatias
100 ml de vermute seco ou vinho branco
1 colher (sopa) de vinagre de vinho branco
2 radicchios com as folhas rasgadas
125 g de espinafre baby
200 g de camembert gelado cortado em tiras
50 g de nozes levemente esmagadas
um punhado de folhas frescas de hortelã picadas
sal e pimenta-do-reino moída na hora

Rende 4 porções

Espalhe as fatias de berinjela em uma peneira e polvilhe com sal. Reserve por 30 minutos, para escorrer sobre a pia. Seque com papel-toalha.

Aqueça uma frigideira grande em fogo médio e junte 4 colheres (sopa) de azeite. Frite a berinjela até ficar macia e dourada – se necessário, trabalhe em levas, acrescentando mais azeite. Retire, pingue um pouco de azeite na frigideira e refogue a echalota até ficar macia. Coloque a berinjela de volta e aqueça.

Despeje todo o vermute, de uma vez – fique longe, pois pode espirrar. Tempere com sal e pimenta-do-reino e cozinhe, chacoalhando levemente a frigideira, até o líquido reduzir pela metade. Junte o vinagre e chacoalhe. Cozinhe mais 2 minutos, para engrossar e caramelizar. Retire do fogo. Preaqueça o forno na temperatura máxima.

Enquanto isso, faça uma cama de radicchio e espinafre em uma travessa refratária. Cubra com a berinjela e o líquido da frigideira. Distribua o queijo por cima e polvilhe com as nozes. Leve ao forno, até o queijo começar a derreter. Finalize com hortelã picada e sirva.

Cada porção contém

Carboidratos: 5 g; proteínas: 1 g; calorias: 162; fibras: 2 g; gorduras: 13 g (2 g de gordura saturada)

Gratinado cremoso de aipo-rábano

A receita rende uma quantidade generosa, mas, acredite, todos vão adorar as sobras! E também pode ser congelada. Como acompanhamento, sirva a Acelga-vermelha com pinhole e groselha (p. 131).

manteiga, para untar
3 dentes de alho
1 colher (chá) de sal grosso
1 aipo-rábano* grande (cerca de 700 g) sem casca e ralado
uma pitada generosa de noz-moscada ralada na hora
300 ml de creme de leite fresco
50 g de amêndoa moída
2 colheres (sopa) de salsa fresca picada
4 colheres (sopa) de parmesão ralado na hora
sal e pimenta-do-reino moída na hora

*** O aipo-rábano pode ser substituído por 700 g de cará. Preparar da mesma maneira.**

Rende 8 porções

Preaqueça o forno a 200°C. Unte levemente um refratário.

Soque o alho e o sal grosso em um pilão até ficar homogêneo (ou utilize um espremedor de alho).

Em uma tigela grande, misture o alho, o aipo-rábano, a noz-moscada e o creme de leite; tempere com sal e pimenta-do-reino. Mexa para misturar bem – use as mãos para ajudar a incorporar melhor os ingredientes. Transfira para o refratário e pressione para baixo.

Misture a amêndoa com a salsa e o parmesão e distribua por cima. Asse por cerca de 40 minutos, até ficar macio e dourar.

Cada porção contém

Carboidratos: 3 g; proteínas: 6 g; calorias: 271; fibras: 4 g; gorduras: 26 g (14 g de gordura saturada)

Salada agridoce à moda tailandesa com tofu crocante

Essa é uma versão mais fácil da clássica salada tailandesa *som tam*.* O nabo-redondo, de baixo índice de carboidrato, substitui a papaia verde, e o tofu aumenta a quantidade de proteínas.

200 g de tofu firme
óleo de girassol, para fritar

Para o molho

2 pimentas vermelhas (tire as sementes, se forem grandes)
2 dentes de alho
4 colheres (sopa) de molho de soja light
4 colheres (sopa) de suco de limão
4 colheres (sopa) de adoçante

Para a salada

300 g de nabo-redondo ralado
100 g de vagem cortada na vertical
1 pimentão vermelho sem miolo e cortado em fatias finas
4 cebolinhas cortadas em fatias
dois punhados de folhas frescas de hortelã
50 g de amendoim torrado e moído

Rende 4 porções

Escorra o tofu e embrulhe em papel-toalha até a hora de usar.

Prepare o molho: bata todos os ingredientes em um pilão ou no liquidificador. Faça a salada misturando o nabo-redondo, a vagem, o pimentão, a cebolinha, a hortelã e metade do amendoim. Regue com metade do molho.

Em uma frigideira, aqueça uma camada fina de óleo em fogo alto. Corte o tofu em fatias de 7,5 cm e frite, virando, até dourar por igual. Escorra em papel-toalha.

Distribua a salada entre os pratos e cubra com o tofu. Regue com o restante do molho e polvilhe com mais amendoim.

* *Som tam* é uma salada com especiarias cujo principal ingrediente é o mamão.

Cada porção contém

Carboidratos: 10 g; proteínas: 10 g; calorias: 159; fibras: 3,5 g; gorduras: 9 g (1,5 g de gordura saturada)

Nhoque de espinafre e ricota com manteiga de sálvia

Esses nhoques substanciosos, mas leves, garantem uma autêntica refeição italiana de luxo. Depois de cozidos, também podem ser colocados em um refratário, cobertos com queijo ralado e assados, para um gratinado fabuloso.

200 g de espinafre baby lavado
2 colheres (sopa) de salsa picada
1 dente de alho amassado
150 g de ricota escorrida
75 g de farinha de soja
1 ovo orgânico, mais 1 gema
100 g de parmesão ralado na hora, mais um pouco para servir
uma pitada generosa de noz-moscada ralada na hora
sal e pimenta-do-reino moída na hora

Para a manteiga de sálvia
75 g de manteiga sem sal
uma pitada de sal
16 folhas frescas de sálvia grosseiramente picadas

Rende 4 porções

Coloque o espinafre em uma tigela e cubra com água fervente. Quando murchar, escorra e espere esfriar. Embrulhe em um pano de prato limpo e esprema sobre a pia, para tirar o máximo de umidade possível. Pique bem.

Junte o espinafre, a salsa, o alho, a ricota, a farinha, o ovo e a gema, o parmesão e a noz-moscada. Tempere com sal e pimenta-do-reino. Misture bem até incorporar tudo.

Leve uma panela grande com água salgada à fervura. Faça bolinhas com a massa do tamanho aproximado de uma cereja grande. (Nesse ponto, o nhoque pode ser congelado, caso planeje servir em outra ocasião.) Coloque alguns nhoques na panela, diminua o fogo e cozinhe por 3-4 minutos, até subirem à superfície. Retire com uma escumadeira e mantenha-os aquecidos enquanto cozinha o restante.

Derreta a manteiga em uma panela em fogo médio. Junte uma pitada de sal e a sálvia. Cozinhe até a erva dourar. Despeje sobre o nhoque cozido e sirva.

Cada porção contém
Carboidratos: 6 g; proteínas: 22 g; calorias: 409; fibras: 3 g; gorduras: 33 g (18 g de gordura saturada)

Abóbora-espaguete com pesto de pimenta defumada

Alguns puristas podem dizer que não se mexe na receita de pesto, mas, acredite, essa combinação funciona (veja também Timbale de berinjela defumada, p. 42). Com sabor discreto, a hortaliça em forma de espaguete é a parceira ideal para o pesto vigoroso.

azeite, para untar
1 abóbora-espaguete grande (cerca de 750 g)
25 g de parmesão ralado na hora (opcional)

Para o pesto de pimenta defumada
1 pimenta seca defumada, como chipotle (opcional)
2 colheres (chá) de páprica defumada
1 maço grande de manjericão
100 g de pinhole
2 dentes de alho grosseiramente picados
50 g de parmesão ralado na hora
½ colher (chá) de sal marinho ou a gosto
6 colheres (sopa) de azeite

Rende 4 porções

Preaqueça o forno a 200°C. Unte levemente uma assadeira. Corte a abóbora ao meio, na vertical, e descarte as sementes e as membranas. Coloque na assadeira, com o lado cortado voltado para baixo, e asse por 45-60 minutos, ou até que um espeto ou garfo perfurem a casca sem resistência. Deixe esfriar até conseguir manipular. Mantenha o forno aceso.

Enquanto isso, prepare o pesto. Se usar a pimenta seca, coloque-a em uma panela pequena com água fervente e cozinhe em fogo baixo por 15-20 minutos, até reidratar e ficar macia. Espere esfriar, tire as sementes e pique. Coloque no processador com os ingredientes restantes do pesto – exceto o azeite. Bata até picar tudo muito bem. Com o motor ligado, acrescente o azeite aos poucos, até obter uma pasta densa.

Raspe a polpa da abóbora com um garfo, para obter fios semelhantes ao espaguete. Coloque em uma tigela e misture o pesto – se parecer difícil espalhar, um pouco de água fervente ajuda o processo. Transfira para um refratário, polvilhe com o parmesão e asse por 10-15 minutos, até aquecer. Ou leve ao micro-ondas até ficar bem quente e finalize com o parmesão.

Cada porção contém

Carboidratos: 10 g; proteínas: 13 g; calorias: 462; fibras: 5 g; gorduras: 41 g (8 g de gordura saturada)

Paneer masala com espinafre e coco

Peguei emprestadas técnicas de várias regiões da ampla e variada culinária indiana para criar esse salteado rápido de fazer. O resultado pode não ser autêntico, mas certamente é estimulante e incrivelmente simples de preparar. Faça o seu queijo paneer* em casa (veja como a receita é simples na p. 163).

2 colheres (sopa) de óleo de girassol
1 colher (chá) de sementes de mostarda preta
1 colher (chá) de sementes de cominho
1 colher (chá) de cúrcuma em pó
2 pimentas vermelhas abertas na vertical
3 cebolinhas cortadas em fatias
3 dentes de alho cortados em fatias
2,5 cm de gengibre fresco picado
50 g de coco seco ralado
300 g de paneer cortado em cubos
200 g de espinafre baby picado
100 ml de iogurte grego

Rende 4 porções

Aqueça um wok moderadamente. Junte o óleo e as sementes de mostarda. Quando estourarem, acrescente o cominho, a cúrcuma, a pimenta, a cebolinha, o alho e o gengibre. Toste por cerca de 2 minutos, até dourar e desprender aroma. Adicione o coco e o paneer e deixe-os dourar levemente.

Junte o espinafre, mexa e, assim que estiver completamente murcho, tire o wok do fogo. Acrescente o iogurte, misture e sirva quente.

Cada porção contém
Carboidratos: 5 g; proteínas: 12 g; calorias: 236; fibras: 3 g; gorduras: 18 g (10 g de gordura saturada)

* Paneer ou panir é um queijo indiano semelhante ao cottage, de sabor suave e muito utilizado na culinária vegetariana.

Cozido de tomate e alcachofra

Corações de alcachofra em conserva são alimentos muito convenientes e tornam essa receita requintada. A princípio, eu usava quatro corações de alcachofra grandes e frescos. Experimente, se estiver com ânimo para retirar folhas e pelos – depois, cozinhe a hortaliça no molho, até ficar macia.

3 colheres (sopa) de azeite
4 dentes de alho socados no pilão ou passados no espremedor com 1 colher (chá) de sal grosso
800 g de tomate pelado picado
300 g de coração de alcachofra em conserva, escorrido e cortado ao meio, se estiver inteiro
1 colher (sopa) de vinagre de vinho tinto
2 colheres (sopa) de salsa picada, mais um pouco para decorar
uma pitada de pimenta-calabresa em flocos
sal marinho e pimenta-do-reino moída na hora
4 ovos orgânicos
4-5 colheres (sopa) de ricota

Rende 4 porções

Aqueça o azeite em uma panela grande. Junte o alho e refogue. Assim que desprender o aroma, acrescente o tomate e a alcachofra. Espere ferver e adicione o vinagre, a salsa e a pimenta. Tempere com sal, se necessário, e pimenta-do-reino. Tampe e mantenha em fogo baixo, mexendo de vez em quando, por 10 minutos. Destampe e deixe mais 10 minutos, até engrossar.

Com uma colher, abra quatro cavidades em torno da beirada da panela e quebre os ovos, um em cada espaço. Espalhe a ricota entre os ovos. Enquanto cozinham, deixe a panela tampada. Sirva assim que atingirem o ponto desejado.

Cada porção contém

Carboidratos: 8 g; proteínas: 13 g; calorias: 233; fibras: 1,5 g; gorduras: 17 g (4 g de gordura saturada)

Torta à moda tunisiana com especiarias

Essa deliciosa quiche sem massa, aromatizada com hortelã, é inspirada em uma receita da Tunísia chamada *Makhouda nahna*. Eu a conheci por meio do livro *North Africa – The Vegetarian Table*, de Kitty Morse. A torta pode ser mantida por alguns dias na geladeira e transportada com facilidade, o que a torna ideal para um piquenique. Use hortelã seca retirada de um saquinho de chá, e não de um vidro ou pacote – o sabor é mais fresco e mais forte.

manteiga, para untar
2 colheres (sopa) de azeite
2 cebolas picadas
10 ovos orgânicos
100 g de amêndoa moída
um punhado generoso de salsa fresca picada
1 colher (sopa) de hortelã seca
1 colher (sopa) de páprica defumada suave
250 g de gruyère ou outro queijo maduro e picante cortado em cubos
½ colher (chá) de sal
pimenta-do-reino moída na hora

Rende 8 porções

Preaqueça o forno a 200°C. Unte generosamente uma fôrma redonda de fundo removível com 24 cm de diâmetro.

Aqueça o azeite em fogo médio e refogue a cebola até dourar levemente.

Em uma tigela grande, bata os ovos e acrescente todos os ingredientes restantes; junte também a cebola. Mexa bem, para incorporar, transfira para a fôrma e asse por 35-40 minutos. Teste o ponto inserindo uma faca no meio da torta; se sair limpa, está pronta.

Espere esfriar um pouco, passe uma faca afiada por toda a lateral da fôrma, desenforme e sirva morna ou em temperatura ambiente.

Cada porção contém

Carboidratos: 3 g; proteínas: 21 g; calorias: 345; fibras: 1 g; gorduras: 28 g (10 g de gordura saturada)

Ovo foo yung

Consultei Norman Fu, chef inglês e professor de culinária chinesa, para descobrir o segredo dessa receita clássica sino-britânica. Existe um truque (descrito abaixo) para ficar perfeita, nem muito fluida nem muito sólida. Além disso, os ovos devem ser cozidos em fogo médio-baixo porque, como diz Norman, "um bom *foo yung* não tem pedacinhos torrados". Nenhuma especiaria ou molho são usados, pois podem mascarar os sabores delicados do prato.

2½ colheres (sopa) de óleo de girassol
3 colheres (sopa) de pimentão vermelho picado
3 colheres (sopa) de aipo picado
3 colheres (sopa) de abobrinha italiana picada
25 g de broto de feijão
3 cebolinhas cortadas em fatias
sal marinho
4 ovos orgânicos

Rende 2 porções

Forre uma peneira pequena com papel-toalha. Aqueça um wok ou frigideira antiaderente em fogo alto e junte 1 colher (chá) de óleo. Acrescente o pimentão, o aipo, a abobrinha, o broto de feijão, a cebolinha e uma pitada de sal. Refogue, sem parar de mexer, por 1-2 minutos, até amaciar. Transfira para a peneira forrada e espere esfriar e escorrer. Isso evita que os ovos se diluam com os sucos do cozimento.

Bata os ovos com um pouco de sal – apenas o suficiente para misturar, sem formar espuma. Junte as hortaliças frias e misture bem. Aqueça o wok ou frigideira em fogo baixo-médio e adicione o óleo restante. Despeje a mistura de ovos e gire o wok para cobrir todo o fundo. Em vez de mexer vigorosamente, como no preparo de ovos mexidos, incline um pouco a panela em sua direção e afaste os ingredientes para cima, para que a mistura escorra para baixo. Repita o processo até os ovos ficarem firmes. Vire o *foo yung* de uma vez, deslize-o para um prato e sirva imediatamente.

Cada porção contém
Carboidratos: 3,5 g; proteínas: 16 g; calorias: 293; fibras: 1 g; gorduras: 25 g (5 g de gordura saturada)

Gratinado de repolho

Nessa receita, essa modesta verdura é tratada com capricho em uma crosta crocrante e dourada repleta de kümmel e realçada pelo sabor das raspas de laranja. Sirva com vagem cozida no vapor.

1 colher (sopa) de azeite
3 dentes de alho picados
600 g de repolho ralado
400 ml de coalhada ou sour cream com pouca gordura
3 gemas de ovos orgânicos
50 g de cheddar ralado
raspas finas de 1 laranja
folhas de alguns ramos de tomilho
1 colher (chá) de kümmel
sal e pimenta-do-reino moída na hora

Rende 4 porções

Aqueça o azeite em uma panela e refogue o alho até dourar levemente. Junte o repolho e tempere bem. Tampe e cozinhe, mexendo com frequência, por cerca de 15 minutos, até ficar macio.

Preaqueça o forno a 200°C. Retire a panela do fogo; se houver líquido, escorra. Transfira o repolho para um refratário e aperte para compactar.

Para o creme, bata a coalhada, as gemas, o cheddar, as raspas de laranja e o tomilho com uma pitada de sal e pimenta-do-reino. Despeje sobre o repolho e polvilhe com kümmel. Asse por 30-40 minutos, até dourar e borbulhar nas beiradas.

Cada porção contém

Carboidratos: 10 g; proteínas: 10 g; calorias: 323; fibras: 3,5 g; gorduras: 26 g (14 g de gordura saturada)

Tian à provençal

A distribuição das hortaliças em três fileiras coloridas faz desse prato uma *pièce de résistance*, embora seja possível misturar tudo ao acaso sem prejuízo ao sabor. A receita é generosa – as sobras são deliciosas servidas frias, como salada.

- manteiga, para untar
- 1 pimentão vermelho sem o miolo e cortado em rodelas
- 350 g de tomate-holandês ou italiano cortado em fatias
- 350 g de abobrinha italiana cortada em rodelas de 1 cm
- 400 g de coração de alcachofra escorrido e cortado ao meio
- 350 g de berinjela cortada em rodelas de 5 mm
- 300 g de erva-doce cortada em fatias
- 50 g de azeitona preta de boa qualidade
- 4 folhas de louro
- 200 g de queijo de cabra fresco ou feta (opcional)
- pimenta-do-reino moída na hora

Para o molho

- 4 colheres (sopa) de azeite
- 1 colher (sopa) de vinagre balsâmico
- 4 dentes de alho cortados em fatias finas
- um punhado de manjericão fresco cortado em tirinhas
- 2 colheres (sopa) de alcaparra
- 1 colher (chá) de sal ou a gosto

Rende 8 porções

Preaqueça o forno a 200°C. Unte levemente um refratário retangular grande. Procure intercalar cada par de hortaliças: junto a uma das laterais da fôrma, coloque a berinjela e a erva-doce de maneira alternada, e a abobrinha e a alcachofra na outra extremidade. Distribua o pimentão e o tomate no centro.

Bata os ingredientes do molho com um garfo e despeje quase tudo sobre as hortaliças, da maneira mais uniforme possível. Pincele as superfícies expostas com o molho restante. Tempere com bastante pimenta-do-reino e decore com as azeitonas e folhas de louro.

Asse por 45-50 minutos, até as hortaliças ficarem macias, crepitando e bem douradas nas beiradas. Retire e distribua o queijo em pedacinhos sobre a superfície. Sirva morno ou frio.

Cada porção contém

Carboidratos: 6 g; proteínas: 9 g; calorias: 180; fibras: 3 g; gorduras: 13 g (6 g de gordura saturada)

Gratinado de couve-flor

Essa é minha versão da receita caseira clássica, melhor quando servida com uma salada simples de folhas crocantes temperadas.

- **2 alhos-porós grandes aparados (cerca de 300 g)**
- **1 couve-flor grande (cerca de 500 g) separada em buquês**
- **1 colher (chá) de sal marinho**
- **2 folhas de louro**
- **300 ml de água**
- **200 g de cream cheese**
- **100 g de cheddar ralado**
- **4 colheres (sopa) de parmesão ralado na hora**
- **½ colher (chá) de pimenta-calabresa em flocos ou a gosto**

Rende 4 porções

Preaqueça o forno a 220°C. Corte os alhos-porós em fatias grossas e lave bem, para eliminar quaisquer impurezas. Coloque em uma panela grande com tampa e cubra com os buquês de couve-flor. Acrescente o sal, o louro e a água. Tampe e espere ferver em fogo alto. Diminua o fogo e cozinhe por mais 5 minutos.

Retire a couve-flor, o alho-poró e o louro e reserve o líquido do cozimento. Disponha as hortaliças em uma assadeira ou refratário grande, em uma única camada compacta. Leve a assadeira ao forno para secar enquanto prepara o molho.

Ferva o líquido reservado. Junte o cream cheese e incorpore usando um fouet. Mexa até derreter e ficar homogêneo. Adicione o cheddar e misture até derreter e engrossar; apague o fogo.

Retire a assadeira do forno e despeje o molho de queijo de maneira uniforme sobre as hortaliças da assadeira. Polvilhe com o parmesão e a pimenta. Volte ao forno e asse por 20-30 minutos, até dourar e borbulhar.

Cada porção contém

Carboidratos: 6 g; proteínas: 18 g; calorias: 422; fibras: 4 g; gorduras: 36 g (22 g de gordura saturada)

Purê de couve-flor e molho de porcini para salsicha vegetariana

À medida que a tecnologia se desenvolve, as salsichas vegetarianas disponíveis tornam-se cada vez melhores. Muitas são feitas com proteína de soja e têm pouco carboidrato, mas é melhor conferir a embalagem. Fatias de halloumi fritas sem gordura também são um excelente acompanhamento para o purê e o molho.

Para o purê

600 g de couve-flor aparada
½ colher (chá) de sal
1 colher (sopa) de azeite
uma pitada generosa de noz-moscada ralada na hora

Para o molho

10 g de cogumelo porcini seco
250 ml de água fervente
2 colheres (sopa) de azeite
1 alho-poró picado
folhas de 2 ramos de tomilho fresco
1 folha de louro
120 ml de vermute seco ou vinho branco
sal marinho e pimenta-do-reino moída na hora
1 colher (sopa) de maisena misturada com 1 colher (sopa) de água fria
salsichas vegetarianas com pouco carboidrato

Rende 4 porções

Primeiro, prepare o molho. Coloque o cogumelo em uma tigela, cubra com a água fervente e deixe hidratar por 20 minutos. Retire o cogumelo e esprema para eliminar o excesso de umidade. Pique o porcini e reserve a água.

Aqueça uma frigideira em fogo médio e junte o azeite. Acrescente o alho-poró e o cogumelo e refogue por cerca de 3 minutos, até o alho-poró ficar macio. Adicione as ervas e o vermute. Passe a água reservada por uma peneira fina sobre a frigideira e tempere com sal e pimenta-do-reino. Espere ferver e acrescente a maisena; mexa até engrossar. Cozinhe em fogo baixo por mais uns minutos, para engrossar um pouco mais e evaporar o álcool.

Para o purê, pique a couve-flor em pedaços bem pequenos. Coloque em uma panela de fundo grosso com o sal e o azeite; misture. Tampe e leve ao fogo médio, até desprender vapor, então diminua o fogo e cozinhe, no próprio suco da hortaliça, por 15-20 minutos, até a couve-flor se desfazer. Destampe e espere o líquido evaporar. Acrescente a noz-moscada e amasse para ficar homogêneo. Se parecer muito úmida, apure mais, mexendo com frequência.

Cozinhe a salsicha vegetariana de acordo com as instruções da embalagem. Sirva com o purê e o molho por cima.

Cada porção contém

Carboidratos: 10 g; proteínas: 6 g; calorias: 177; fibras: 3 g; gorduras: 10 g (2 g de gordura saturada)

Bolinho de paneer e ervas

Alguns desses bolinhos crocantes e deliciosos compõem uma refeição com uma salada de folhas ou legumes. Também é possível preparar porções menores, para servir como salgadinhos em uma festa. Faça o seu próprio paneer (p. 163).

250 g de paneer ralado ou esfarelado
50 g de folhas frescas de coentro e hortelã picadas
2,5 cm de gengibre fresco ralado fino
2 dentes de alho amassados
1 colher (chá) de sementes de coentro amassadas ou 1 colher (chá) de coentro em pó
1 colher (chá) de sal
2 ovos orgânicos
2 colheres (sopa) de farinha de soja
pimenta-do-reino moída na hora
óleo de girassol, para fritar
cunhas de limão-siciliano, para servir
1 receita de Molho agridoce de pimenta (p. 166), para servir

Rende 4 porções

Em uma tigela, misture o paneer, as ervas, o gengibre, o alho, as sementes de coentro, o sal, os ovos e a farinha; tempere com pimenta-do-reino e misture bem. Com as mãos úmidas, pegue porções da massa do tamanho de uma noz, esprema e pressione para formar bolinhos achatados. Reserve em um prato enquanto prepara os outros. Leve à geladeira até a hora de servir.

Aqueça uma camada fina de óleo em uma panela antiaderente em fogo médio. Quando estiver quente, frite os bolinhos até dourar; vire e frite do outro lado. Escorra em papel-toalha. Sirva com cunhas de limão, para espremer sobre os bolinhos, e molho de pimenta.

Cada porção contém

Carboidratos: 4 g; proteínas: 14 g; calorias: 165; fibras: 1 g; gorduras: 10 g (3 g de gordura saturada)

Curry de abóbora e ovo

Esse curry delicioso ao estilo do sul da Índia pode ser servido sozinho, como um cozido, ou distribuído sobre uma camada densa de folhas de espinafre (fresco ou congelado) passado levemente na manteiga. A abóbora-moranga comum tem o menor teor de carboidratos; variedades de polpa cor de laranja intensa, como a abóbora-cheirosa ou a japonesa, são deliciosas nessa receita, mas a quantidade de carboidratos é um pouco maior.

Para a pasta de especiarias

3 dentes de alho
2,5 cm de gengibre fresco ralado
1 colher (chá) de sementes de coentro
1 colher (chá) de sementes de cominho
½ colher (chá) de cúrcuma em pó
1 colher (chá) de pimenta em flocos
½ colher (chá) de sal marinho

2 colheres (sopa) de óleo de girassol
200 g de abóbora cortada em pedaços
200 g de abobrinha italiana cortada em pedaços
125 g de aipo cortado em fatias
400 ml de leite de coco
200 g de tomate pelado picado
sal marinho e pimenta-do-reino moída na hora
4 ovos orgânicos
coentro picado, para decorar (opcional)

Rende 4 porções

Primeiro, prepare a pasta. Coloque todos os ingredientes no processador ou em um moedor de especiarias. Junte água suficiente para permitir que as pás trabalhem e bata até obter uma pasta homogênea e fluida.

Aqueça um wok ou panela grande em fogo médio. Junte o óleo e, quando estiver quente, acrescente a abóbora, a abobrinha e o aipo; refogue, sem parar de mexer, por cerca de 2 minutos, até começar a ficar tenro. Adicione a pasta de especiarias e mexa rapidamente por 1-2 minutos, até desprender o aroma e incorporar por igual. Junte o leite de coco e o tomate; tempere com sal e pimenta-do-reino. Espere ferver, diminua o fogo e cozinhe, mexendo com frequência, por 30 minutos, até a abóbora ficar macia e começar a se desmanchar no molho espesso de curry.

Enquanto isso, prepare os ovos. Coloque-os em uma panela pequena e cubra com água fria. Espere ferver e cozinhe por 7 minutos; escorra e passe na água corrente fria. Descasque e corte-os ao meio.

Quando o curry estiver cozido, mexa bem e disponha os ovos por cima. Cozinhe por 2 minutos, sem mexer, até aquecer os ovos. Polvilhe com coentro e sirva.

Cada porção contém

Carboidratos: 8 g; proteínas: 12 g; calorias: 344; fibras: 1,5 g; gorduras: 30 g (3 g de gordura saturada)

Alcachofra com recheio cremoso de cogumelos

É difícil melhorar o que já é perfeito, como a alcachofra, cozida inteira e servida com manteiga derretida ou maionese. Mas essa receita consegue aprimorar o ingrediente, que não apenas adquire status de estrela de cinema no tapete vermelho como se transforma em uma refeição completa com o mínimo de esforço. Bom apetite!

2 colheres (sopa) de vinagre de vinho branco
2 colheres (sopa) de azeite
4 alcachofras grandes
15 g de manteiga
300 g de cogumelos variados* (morel, chanterelle e ceps) cortados em pedaços pequenos
2 colheres (chá) de folhas frescas de tomilho ou tomilho-limão
5 colheres (sopa) de vermute seco
150 g de mascarpone
50 g de nozes picadas
um punhado de folhas de salsa fresca picadas
sal e pimenta-do-reino moída na hora

*** Essas variedades podem ser substituídas por cogumelos salmão, eryngui e paris, nas mesmas quantidades.**

Rende 4 porções

Ferva água em uma panela grande. Junte o vinagre, o azeite e bastante sal.

Enquanto isso, limpe a alcachofra. Corte os talos na altura da base e retire cerca de um terço da ponta. Puxe a maior parte das folhas do miolo e use uma colher para raspar todas as fibras internas. Leve à panela com água e cozinhe por 30-40 minutos, até ficar macia. Estão no ponto quando uma folha perto do centro sair facilmente. Escorra e use um pegador para virar sobre uma peneira até secar. Preaqueça o forno a 220°C.

Para o recheio, derreta a manteiga em uma frigideira grande em fogo médio. Junte os cogumelos, o tomilho e uma pitada de sal e pimenta-do-reino. Quando os cogumelos absorverem a manteiga e começarem a ficar macios, acrescente o vermute e cozinhe, mexendo, até o líquido evaporar quase por completo. Por fim, adicione o mascarpone e mexa até incorporar tudo.

Coloque as alcachofras com o fundo para baixo em uma assadeira forrada com papel-manteiga. Distribua o recheio no miolo, polvilhe com as nozes e asse por 10-15 minutos, até aquecer por igual e dourar por cima. Decore com salsa picada antes de levar à mesa. Na hora de comer, use as folhas da alcachofra para se servir do recheio cremoso.

Cada porção contém

Carboidratos: 3,5 g; proteínas: 6,5 g; calorias: 324; fibras: 1 g; gorduras: 30 g (14 g de gordura saturada)

05: PETISCOS E LANCHES

Seria tão fácil esticar o braço e pegar um sanduíche ou um saco de batatinha frita! Porém, na dieta de baixo carboidrato, isso não funciona. A solução, também muito fácil, é comer um punhado de proteínas ou legumes saborosos e cheios de vitaminas.

Castanha-do-pará com crosta picante

Assar acentua o sabor das castanhas – e estas ganham intensidade com uma deliciosa crosta apimentada. Quando assar qualquer tipo de oleaginosa, é fundamental usar um *timer*: por ficar pouco tempo no forno, esquecemos com facilidade que elas estão lá.

1 colher (sopa) de azeite
2 colheres (chá) de molho de soja
1 colher (chá) de suco de limão--siciliano
1 colher (chá) de adoçante
1 colher (chá) de páprica
½ colher (chá) de pimenta em flocos triturada
1 colher (chá) de sementes de gergelim
150 g de castanha-do-pará

Rende 8 porções

Preaqueça o forno a 190°C. Bata todos os ingredientes, exceto a castanha, com um garfo. Junte as castanhas e mexa para cobri-las por igual. Espalhe-as em uma assadeira, em uma única camada, e asse, mexendo a cada 2 minutos, até dourar (cerca de 10 minutos no total).

Espere esfriar completamente, transfira para uma tigela e sirva. Para guardar, mantenha em um recipiente hermeticamente fechado.

Cada porção contém

Carboidratos: 0,6 g; proteínas: 2,6 g; calorias: 141; fibras: 0,8 g; gorduras: 14 g (3,2 g de gordura saturada)

Azeitona com semente de erva-doce

Azeitonas praticamente não têm carboidratos e são um ótimo petisco. Essa técnica de assá-las confere uma textura agradável. Experimente também outras especiarias – sementes de erva-doce dão um toque crocante e aromático.

200 g de azeitona verde grande sem caroço
½ colher (chá) de sementes de erva--doce
½ colher (chá) de pimenta em flocos
2 colheres (sopa) de azeite

Rende 4 porções

Preaqueça o forno a 200°C. Coloque as azeitonas em um refratário pequeno e acrescente os ingredientes restantes, mexendo para cobrir por igual. Asse por 25-30 minutos, até encolherem e enrugarem. Espere esfriar antes de servir.

Cada porção contém

Carboidratos: 0 g; proteínas: 0,5 g; calorias: 100; fibras: 1,5 g; gorduras: 11 g (1,5 g de gordura saturada)

Crocantes de edam

O método pode ser usado para outros queijos duros, incluindo o gouda – em minha experiência, porém, o edam sempre dá os melhores resultados. Recomendo comprar o queijo já fatiado, pois pode ser difícil cortá-lo tão fino. Verifique a embalagem do produto se estiver preocupado com a presença de coalho animal.

100 g de edam cortado em oito fatias muito finas

Rende 8 unidades

Disponha as fatias de queijo em uma panela antiaderente, deixando 1 cm entre elas – se o espaço não for suficiente, trabalhe em porções. Leve ao fogo baixíssimo.

O queijo vai borbulhar e estalar, desprendendo óleo, e começará a ficar crocante por baixo. Toste até que a base pareça seca e levemente dourada – pode levar até 15 minutos. Vire com cuidado e doure o outro lado por cerca de 5 minutos, até ficar crocante. Escorra em papel-toalha e sirva morno ou frio.

Cada porção contém

Carboidratos: 0 g; proteínas: 3 g; calorias: 43; fibras: 0 g; gorduras: 3 g (2 g de gordura saturada)

Wafers de parmesão

Esses biscoitinhos salgados levíssimos são melhores recém-saídos do forno ou um pouco depois. Amolecem depois de frios, mas podem voltar a ficar crocantes se assados novamente (4-5 minutos a 180°C). Procure um substituto vegetariano para o parmesão caso queira evitar o coalho animal.

2 claras de ovo orgânico
uma pitada de cremor de tártaro
3 colheres (sopa) de parmesão ralado na hora, bem fino

Rende 8 unidades

Preaqueça o forno a 150°C. Em uma tigela sem resquícios de gordura, bata as claras com o cremor de tártaro até ficar firme, mas não seco. Junte o parmesão com cuidado e mexa para incorporar, mantendo a mistura leve e aerada. Sobre uma assadeira forrada com papel-manteiga, espalhe a massa formando 8 biscoitos. Asse por cerca de 15 minutos, até dourar e ficar crocante.

Cada porção contém

Carboidratos: 0 g; proteínas: 1,5 g; calorias: 13; fibras: 0 g; gorduras: 0,7 g (0,5 g de gordura saturada)

Pepino à moda mexicana

Fui apresentada a esse prato no México, onde os pepinos são servidos nos bares como petisco – é uma combinação surpreendentemente boa. A pimenta suave em pó que eu uso é geralmente vendida já misturada com alho em pó e orégano. Um "tempero para taco" pronto também funciona.

1 pepino médio (cerca de 300 g)
2 limões
2 colheres (chá) de mistura de pimentas suaves em pó ou tempero para taco
sal marinho

Rende 8 porções

Remova as extremidades do pepino e corte-o, na horizontal, em quatro partes com o mesmo comprimento. Corte cada pedaço em oito, na vertical. Distribua em uma vasilha, com o lado da casca para baixo, e esprema o limão por cima. Polvilhe com uma camada uniforme de pimenta em pó e tempere com sal.

Cada porção contém

Carboidratos: 0,5 g; proteínas: 0,3 g; calorias: 4; fibras: 0,3 g; gorduras: 0 g (0 g de gordura saturada)

Biltong picante de tofu

Aromático e saboroso, é uma imitação surpreendentemente boa de carne-seca e biltong.*

200 g de tofu defumado ou comum (com sabor ou marinado também podem ser usados)
2 colheres (sopa) de molho de soja escuro
2 colheres (sopa) de xerez seco
1 colher (chá) de vinagre de arroz
uma pitada de pimenta-de-caiena
1 colher (sopa) de óleo de girassol

Rende 14 unidades

Preaqueça o forno a 120°C. Seque o tofu com papel-toalha e corte em 14 tiras bem finas, com aproximadamente 2,5 cm de largura, 7,5 cm de comprimento e 3 mm de espessura.

Forre uma assadeira com papel-manteiga. Em uma vasilha rasa, bata muito bem os ingredientes restantes com um garfo. Mergulhe cada fatia de tofu na mistura e disponha sobre a assadeira. Com cuidado, regue o tofu com o molho restante.

Leve ao forno e asse por cerca de 60-80 minutos, até ficar crocante nas beiradas, mas ainda maleável. Espere esfriar. As tirinhas podem ser conservadas na geladeira, em um recipiente de fecho hermético, por 3 dias.

Cada porção contém

Carboidratos: 0,3 g; proteínas: 1 g; calorias: 21; fibras: 0 g; gorduras: 1,5 g (0,2 g de gordura saturada)

* Biltong é o nome da carne-seca de vaca ou caça de origem sul-africana geralmente consumida em tiras.

Pão crocante de gergelim e pimenta-do-reino

Quando sentir falta de biscoitos torrados, essa receita é a alternativa perfeita. Preparar a massa no micro-ondas parece ser a única maneira de obter um resultado supercrocante. São ótimos acompanhamentos para as sopas deste livro.

2 colheres (sopa) de sementes de gergelim
azeite, para pincelar
50 g de farinha de soja
1 ovo orgânico
½ colher (chá) de sal
120 ml de água morna
1 colher (chá) de pimenta-do-reino moída na hora

Rende 8 unidades

Primeiro, toste as sementes de gergelim. Aqueça uma frigideira em fogo médio, junte as sementes e toste, mexendo sem parar, até dourar e estalar. Retire do fogo e reserve.

Forre um prato que possa ir ao micro-ondas com papel-manteiga. Pincele generosamente com azeite. Bata com um garfo a farinha, o ovo, o sal, a água e a pimenta-do-reino até obter uma massa homogênea. Despeje uma fina camada da massa no prato, com cerca de 6 cm de diâmetro. Polvilhe com as sementes de gergelim. Leve ao micro-ondas na potência alta por 1½-3 minutos, até secar e ficar crocante. O tempo depende do eletrodoméstico. Deixe esfriar sobre uma grade. Repita com a massa restante. Guarde em uma vasilha de fecho hermético.

Cada porção contém

Carboidratos: 1,5 g; proteínas: 4 g; calorias: 65; fibras: 1 g; gorduras: 5 g (0,8 g de gordura saturada)

Salada de crudités marinados

Essa é uma maneira fantástica de preparar legumes crus que podem ser mantidos na geladeira por alguns dias, para beliscar a qualquer hora.

½ pimentão vermelho sem o miolo
½ pimentão amarelo sem o miolo
100 g de ervilha-torta
100 g de vagem fina aparada
50 g de abobrinha italiana
50 g de aipo
100 g de erva-doce
1 colher (sopa) de sal marinho
1 colher (sopa) de suco de limão-siciliano
1 colher (sopa) de azeite extravirgem

Rende 4 porções

Corte as hortaliças em tirinhas ou pedaços de tamanho semelhante (como a vagem e a erva-doce).

Coloque-as em uma tigela e polvilhe com sal. Misture com as mãos, para cobrir por igual. Transfira para uma peneira e coloque sobre uma tigela. Cubra com filme de PVC e leve à geladeira por 3-4 horas, mexendo de vez em quando.

Chacoalhe as hortaliças na peneira, para escorrer (não lave). Transfira para uma vasilha e junte o suco de limão e o azeite; misture. Guarde coberto na geladeira, de preferência em um recipiente plástico com tampa firme, para que você possa chacoalhar de vez em quando e temperar os legumes com o molho.

Cada porção contém

Carboidratos: 5 g; proteínas: 2 g; calorias: 57; fibras: 2,5 g; gorduras: 3 g (0,5 g de gordura saturada)

Aipo com pesto

Eis uma boa solução para quando tiver vontade de atacar a geladeira. Use pesto comprado pronto ou faça uma versão caseira (p. 165).

2 talos de aipo aparados
2 colheres (sopa) de cream cheese
1-2 colheres (chá) de pesto
pimenta-do-reino moída na hora

Rende 2 porções

Com uma espátula, espalhe o cream cheese nas reentrâncias do aipo. Regue com o pesto. Polvilhe com um pouco de pimenta-do-reino e sirva inteiro ou corte na diagonal em pedaços pequenos.

Cada porção contém

Carboidratos: 0,4 g; proteínas: 0,6 g; calorias: 70; fibras: 0,3 g; gorduras: 7 g (4 g de gordura saturada)

06:

OCASIÕES ESPECIAIS

Canapés e petiscos devem ser fáceis de fazer e de comer, bonitos, elegantes e com gosto de "quero mais". Tudo isso é possível com as receitas deste capítulo. Sirva com champanhe ou martínis de vodca.

Involtino de berinjela e queijo defumado

A palavra *involtino* significa "rolinho", em italiano. Nesse caso, fatias grelhadas de berinjela envolvendo bastões de queijo quase derretido. De preferência, use muçarela defumada – mas, como é quase um privilégio encontrá-la, qualquer variedade defumada funciona. A foto ao lado mostra também o Rolinho de vagem e pimentão vermelho assado (p. 116).

2 berinjelas (cerca de 600 g) aparadas e cortadas em fatias na vertical, o mais fino possível
4 colheres (sopa) de azeite
sal marinho e pimenta-do-reino moída na hora
25 folhas grandes de manjericão
100 g de muçarela, cheddar ou outro queijo defumado cortado em 25 bastões com cerca de 20 mm × 5 mm

Rende 25 unidades

Aqueça uma grelha por cerca de 10 minutos. Pincele os dois lados das fatias de berinjela com um pouquinho de azeite. Grelhe até ficar macia e estriada dos dois lados. Tempere com sal e pimenta-do-reino e deixe esfriar.

Coloque uma folha de manjericão em uma extremidade de uma fatia de berinjela e disponha um bastão de queijo por cima da erva. Enrole a berinjela em torno do manjericão e da muçarela. Disponha em uma assadeira, com o lado da emenda para baixo, e repita com o restante dos ingredientes.

Preaqueça o forno a 200°C. Antes de servir, leve os rolinhos ao forno por não mais que 5 minutos, apenas para aquecer – é melhor programar o timer, ou a berinjela cozinha em excesso. Sirva morno, com o queijo derretendo.

Cada porção contém

Carboidratos: 0,5 g; proteínas: 1 g; calorias: 30; fibras: 0,5 g; gorduras: 3 g (1 g de gordura saturada)

Rolinho de vagem e pimentão vermelho assado

Simples de fazer, bonito de ver e melhor ainda para comer. Não reserve esse prato apenas para as festas – mime a família e os amigos com ele, servindo como um aperitivo ou acompanhamento. Se estiver com muita pressa, use pimentões grelhados em conserva – mas o fresco sempre tem mais sabor. **Foto na p. 115.**

2 pimentões vermelhos
100 g de vagem fina aparada
50 g de cream cheese
8 folhas frescas de manjericão rasgadas
sal marinho e pimenta-do-reino moída na hora

Rende 8 unidades

Preaqueça o forno na temperatura máxima. Corte os pimentões ao meio, na vertical, e retire as sementes e membranas. Disponha-os com o lado cortado para baixo em uma assadeira forrada com papel-manteiga. Asse até chamuscar e formar bolhinhas em toda a superfície. Transfira para um saco plástico e feche. Deixe esfriar.

Enquanto isso, ferva água em uma panela e junte sal. Cozinhe a vagem por 2-3 minutos, até ficar macia mas ainda permanecer verde brilhante. Escorra e resfrie sob água corrente. Seque com papel-toalha.

Tire a pele dos pimentões, tomando cuidado para não romper a polpa. Corte cada pedaço ao meio, na vertical. Disponha sobre uma tábua com o lado da pele para baixo. Coloque cerca de 1 colher (chá) de cream cheese sobre a superfície das hortaliças e polvilhe com o manjericão. Moa um pouco de sal e pimenta-do-reino por cima. Distribua 4-5 vagens e enrole o pimentão em torno delas. Transfira para um prato, com o lado da emenda para baixo, e mantenha na geladeira até a hora de servir.

Cada porção contém

Carboidratos: 3 g; proteínas: 1 g; calorias: 48; fibras: 1 g; gorduras: 4 g (2 g de gordura saturada)

Espetinho tricolor

As três cores da bandeira italiana reunidas em uma mordida. Para um resultado mais cremoso, use muçarela de búfala; na falta dela, a de leite de vaca serve, desde que seja em forma de bola, não a variedade para pizza.

1 muçarela de búfala cortada em 24 tiras pequenas
24 tomates semissecos ou secos conservados em azeite
24 folhas grandes de manjericão fresco

Rende 24 unidades

Junte um pedaço de muçarela e um de tomate. Enrole uma folha de manjericão em torno dos ingredientes e prenda com um palito médio de bambu. Sirva imediatamente.

Cada porção contém

Carboidratos: 0,1 g; proteínas: 1,5 g; calorias: 29; fibras: 0 g; gorduras: 2,5 g (1 g de gordura saturada)

Pepino com picles de gengibre

Os picles de gengibre cor-de-rosa são um acompanhamento fundamental para o sushi e podem ser encontrados em lojas de produtos orientais ou naturais. Para garantir mais impacto visual, procure o tipo ralado de tom fúcsia psicodélico (não tem como não ver!) ou use a variedade tradicional, rosa-claro. Foto na p. 119.

1 receita de Molho satay (p. 169)
½ pepino (cerca de 200 g)
50 g de picles de gengibre cor-de-rosa
1 cebolinha cortada em fatias diagonais finas

Rende 20 unidades

Prepare o Molho satay, espere esfriar e leve à geladeira até ficar denso.

Descasque o pepino e corte em vinte fatias com cerca de 5 mm de espessura. (Se quiser, use cortadores de biscoito para obter formatos variados.)

Coloque um pouco de molho sobre cada fatia e cubra com um pouco de gengibre. Decore com uma fatia de cebolinha.

Cada porção contém

Carboidratos: 0,6 g; proteínas: 0,6 g; calorias: 16; fibras: 0,2 g; gorduras: 1 g (0,3 g de gordura saturada)

Espetinho de pepino e tofu ao molho satay

No dia a dia, geralmente não me preocupo em arrumar pedaços de alimentos em espetinhos e, por isso, essa receita aparece neste capítulo. Ainda assim, acredito que verá como são fáceis e saborosos de servir mesmo que não haja nenhuma ocasião especial. Congelar o tofu garante uma extraordinária textura fibrosa semelhante à do frango – experimente a técnica descrita abaixo em outros pratos com o ingrediente. Ou use tofu fresco e firme. A foto ao lado mostra também o Pepino com picles de gengibre (p. 117).

100 g de tofu firme
100 g de pepino
1 receita de Molho satay (p. 169)
1 receita de Molho agridoce de pimenta (p. 166) (opcional)

Rende 12 unidades

Leve o tofu ao freezer até endurecer completamente e descongele antes de usar. Escorra bem e embrulhe em papel-toalha. Coloque em um prato e cubra com um peso, como uma panela cheia de água, por exemplo – isso comprime o tofu e retira o excesso de umidade. Reserve por aproximadamente 30 minutos e então corte em cubos de cerca de 1 cm.

Corte o pepino em tiras da mesma largura, retire as sementes e faça cubinhos iguais aos de tofu. Espete três pedaços alternados de cada um deles em doze espetinhos médios de bambu. Disponha em um prato, regue generosamente com Molho satay e sirva com Molho agridoce de pimenta, se desejar.

Cada porção contém

Carboidratos: 1 g; proteínas: 2 g; calorias: 32; fibras: 0,5 g; gorduras: 2,5 g (0,5 g de gordura saturada)

Aïoli de açafrão com ovo de codorna e aspargo

Ovos de codorna são maravilhosamente elegantes, mas dão trabalho para descascar. Por serem lindos, sempre mantenho a casca e deixo os convidados trabalharem.

24 ovos de codorna
3 maços de aspargo sem a ponta fibrosa
5 dentes de alho (ou a gosto) sem o germe, se houver
3 gemas de ovos orgânicos
½ colher (chá) de pistilo de açafrão hidratado em 1 colher (sopa) de água quente
sal
250 ml de azeite
2 colheres (sopa) de suco de limão--siciliano

Rende 8 porções

Coloque os ovos de codorna em uma panela, cubra com água e cozinhe por 3 minutos após o início da fervura. Escorra e passe por água corrente até ficarem completamente frios.

Cozinhe o aspargo no vapor até ficar *al dente* ou no ponto desejado. Deixe esfriar.

Pique o alho bem fino no processador. Junte as gemas, o açafrão e o líquido em que ele foi hidratado e um pouco de sal; bata para incorporar. Com o motor ligado, acrescente uma gota de azeite de cada vez. Aumente o ritmo, despejando o azeite restante em um fio fino, até obter uma maionese densa. Se talhar, junte outra gema.

Acrescente o suco de limão e bata. Transfira para uma tigela e sirva em um prato com os ovos de codorna e os aspargos.

Cada porção contém

Carboidratos: 1,5 g; proteínas: 13 g; calorias: 365; fibras: 1,3 g; gorduras: 34 g (6 g de gordura saturada)

Labneh picante e cítrico

Labneh é um queijo cremoso do Oriente Médio feito com a transformação do iogurte, na geladeira, durante a noite. É um processo simples e se pode acrescentar o gostinho que quiser – ervas frescas ou secas, cominho ou outras especiarias tostadas. Essa versão com pimenta vermelha e cítricos é particularmente agradável, e os sabores se complementam. Retire apenas o exterior da casca das laranjas e dos limões, e não a parte branca amarga.

500 ml de iogurte grego ou outro iogurte integral
2 pimentas vermelhas picadas
raspas de 1 laranja
raspas de 1 limão-siciliano
sal
azeite extravirgem, para regar

Para servir

Cerca de 500 g de legumes crus como talos de aipo, tiras de pimentão e de pepino, ervilha-torta

Rende 8 porções

Forre uma peneira fina com um pedaço de musselina, gaze ou um pano de prato novo. O formato da peneira irá determinar o molde do labneh – uma aparência cônica é interessante. Coloque sobre uma tigela funda, para o soro ter bastante espaço para escorrer, e verifique se há lugar para a vasilha na geladeira.

Misture muito bem o iogurte, a pimenta, as raspas e uma pitada generosa de sal, para intensificar o sabor. Transfira para a peneira e alise, pressionando para baixo. Cubra com filme de PVC e leve à geladeira por 24-36 horas. Desenforme sobre um prato e regue com azeite. Distribua os legumes em torno do labneh e sirva com uma faquinha de manteiga para espalhar.

Cada porção contém

Carboidratos: 3 g; proteínas: 3 g; calorias: 58; fibras: 0 g; gorduras: 4 g (2,5 g de gordura saturada)

Pecado de alcachofra picante

Chamo essa receita de "pecado" para me lembrar que é prazer em estado puro, motivo pelo qual a incluí no capítulo "Ocasiões especiais". A aparência não é muito elegante, mas o sabor nunca deixa de agradar.

400 g de coração de alcachofra em conserva escorrido e picado
120 ml de maionese
50 g de parmesão ralado na hora
2 pimentas verdes grandes sem sementes picadas
1 ovo orgânico

Rende 8 porções

Preaqueça o forno a 220°C. Misture a alcachofra, a maionese, o parmesão e a pimenta. Junte o ovo e bata com um garfo. Espalhe uma camada com não mais de 2 cm de espessura em um refratário largo.

Asse por cerca de 30 minutos, até borbulhar e ficar dourado por baixo e na superfície. Retire do forno e deixe esfriar.

Para servir, transfira para uma tábua e corte em pedaços pequenos com uma faca ou cortador de pizza.

Cada porção contém

Carboidratos: 5 g; proteínas: 5 g; calorias: 176; fibras: 2 g; gorduras: 15 g (3,5 g de gordura saturada)

Purê de berinjela defumada

Essa pasta é conhecida como babaganuche. Cozinhar a berinjela sobre a chama do fogão deixa a polpa muito macia e confere um sabor defumado mágico. Se preferir, siga as instruções abaixo para preparar no forno.

2 berinjelas médias
1 dente de alho
2 colheres (sopa) de suco de limão--siciliano
2 colheres (sopa) de azeite extravirgem
3 colheres (sopa) de iogurte grego
sal grosso e pimenta-do-reino moída na hora

Para servir

cerca de 500 g de legumes crus como talos de aipo, tiras de pimentão e de pepino, folhas de alface ou de endívia

Rende 8 porções

Espete um garfo no talo de uma berinjela e segure diretamente sobre a chama do fogão. Vire de vez em quando, para amolecer por completo; a casca precisa tostar até quase virar cinza em alguns pontos e deve sair vapor pelos furos feitos pelo garfo. Repita com a outra berinjela. Se preferir, preaqueça o forno no máximo, fure as hortaliças algumas vezes, coloque em uma assadeira e asse até amaciar por completo.

Transfira para um prato e deixe esfriar. Descasque, mas não se preocupe se sobrarem alguns pedaços chamuscados – eles acrescentam sabor. Coloque a polpa em uma tigela.

Amasse o dente de alho com um pouco de sal grosso em um pilão, para potencializar o sabor (ou utilize um espremedor de alho). Com um garfo, amasse a berinjela com o alho e os ingredientes restantes, até obter um purê homogêneo. Tempere a gosto.

Cada porção contém

Carboidratos: 2 g; proteínas: 1 g; calorias: 41; fibras: 1,5 g; gorduras: 3,5 g (0,7 g de gordura saturada)

07:

SALADAS E GUARNIÇÕES

A melhor refeição vegetariana é uma composição equilibrada de sabores e texturas. Nenhuma dessas receitas deve ter papel coadjuvante, mas, sim, integrar um cardápio variado ao lado de outros pratos.

Salada de avocado e limão-siciliano

Pequenos pedaços de limão-siciliano e um molho com o toque picante do gengibre complementam o avocado cremoso. Sirva com Timbale de pimentão vermelho e queijo de cabra (p. 45).

1 limão-siciliano
2 avocados maduros
sal marinho a gosto
1 colher (chá) de gengibre fresco bem ralado
4 colheres (sopa) de azeite extravirgem
100 g de folhas de espinafre baby

Rende 4 porções

Corte o limão ao meio. Esprema e coe o suco de uma metade e reserve em uma jarra pequena, para o molho. Corte a outra metade novamente ao meio e, então, fatie o mais fino possível.

Descasque e corte os avocados ao meio; retire os caroços. Corte em quartos e, então, em fatias.

Misture o sal e o gengibre ao suco de limão. Aos poucos, junte o azeite, batendo com um garfo.

Distribua as folhas de espinafre em uma travessa ou em quatro pratos. Coloque as fatias de avocado e limão por cima. Regue com o molho e sirva imediatamente.

Cada porção contém

Carboidratos: 2 g; proteínas: 2,5 g; calorias: 247; fibras: 3 g; gorduras: 25 g (4 g de gordura saturada)

Acelga-vermelha com pinhole e groselha

Groselhas rosadas e azedas são sublimes com a acelga rústica; fora da estação, é possível substituí-las por um punhado de cranberries – junte à panela com os pinholes. Sirva com Rarebit de berinjela (p. 50) ou Gratinado cremoso de aipo-rábano (p. 76).

500 g de acelga-vermelha com os talos ou folhas de beterraba ou acelga
2 colheres (sopa) de azeite
25 g de pinhole
50 g de groselha*
sal e pimenta-do-reino moída na hora

*** Uma alternativa à groselha é o mirtilo fresco, na mesma quantidade.**

Rende 2-4 porções

Lave e seque a acelga, rasgue as folhas e pique grosseiramente. Corte os talos em pedaços de 2 cm.

Em uma panela, aqueça o azeite e junte o pinhole. Frite, mexendo, até dourar. Acrescente os talos da acelga, tempere com sal e pimenta-do-reino e misture. Tampe e refogue, mexendo de vez em quando, por cerca de 3 minutos, até ficarem macios. Junte as folhas picadas, tampe e continue refogando até murcharem.

Com uma escumadeira, transfira para um prato e distribua a groselha.

Cada porção contém
Carboidratos: 4 g; proteínas: 3 g; calorias: 119; fibras: 0,5 g; gorduras: 10 g (1 g de gordura saturada)

Refogado de erva-doce e pimentão

Esse acompanhamento mediterrâneo rústico e forte é ideal para servir com Cheesecake de rúcula e ricota (p. 72), Berinjela assada com molho de endro (p. 133) ou uma omelete.

3 colheres (sopa) de azeite
2 bulbos de erva-doce aparados e cortados em fatias
1 pimentão vermelho sem o miolo e cortado em fatias
1 pimentão amarelo sem o miolo e cortado em fatias
3-4 ramos de tomilho fresco
1 colher (chá) de sementes de coentro
1 colher (chá) de pimenta em flocos
10 azeitonas verdes grandes sem caroço
sal e pimenta-do-reino moída na hora
2 dentes de alho amassados
120 ml de vinho tinto

Rende 4 porções

Aqueça o azeite em uma frigideira larga, em fogo médio. Junte a erva-doce, os pimentões e o tomilho. Refogue, mexendo com frequência, até começarem a amaciar e dourar.

Acrescente as sementes de coentro, a pimenta em flocos e as azeitonas. Tempere com sal e pimenta-do-reino e refogue por mais 5 minutos. Junte o alho, espere desprender o aroma e adicione o vinho. Deixe apurar.

Cada porção contém

Carboidratos: 6 g; proteínas: 1 g; calorias: 136; fibras: 3 g; gorduras: 10 g (1,5 g de gordura saturada)

Berinjela assada com molho de endro

Berinjelas quentes mergulhadas em um molho frio e cremoso resultam em uma salada morna deliciosa, servida com folhas de alface crocante. Experimente também com Pimentão recheado com halloumi (p. 48) ou Refogado de erva-doce e pimentão (p. 132).

2 berinjelas grandes
azeite, para pincelar
sal e pimenta-do-reino moída na hora
250 ml de iogurte grego
3 colheres (sopa) de endro fresco picado ou 2 colheres (sopa) de endro seco
raspas de 1 limão-siciliano
suco de ½ limão-siciliano
1 dente de alho pequeno amassado

Rende 4 porções

Preaqueça o forno a 220°C. Retire os talos das berinjelas e corte-as em seis cunhas na vertical. Faça cortes diagonais na polpa, sem atingir a casca. Pincele generosamente com azeite e coloque em uma assadeira, com a polpa para baixo. Tempere com sal e pimenta-do-reino. Asse por cerca de 30 minutos, até ficar macia e dourada.

Enquanto isso, prepare o molho misturando muito bem os ingredientes restantes. Distribua sobre a berinjela quente e sirva.

Cada porção contém

Carboidratos: 4 g; proteínas: 4 g; calorias: 115; fibras: 1 g; gorduras: 9 g (5 g de gordura saturada)

Nabo dauphinoise

Procurei em dúzias de livros de receitas francesas a versão perfeita da batata dauphinoise, mas, no fim, aproveitei uma dica do elegante cozinheiro inglês Alastair Hendy, que prepara uma infusão cremosa morna com cebolinha-francesa. Acredite: o nabo, de baixo índice de carboidrato, é ideal para esse prato. Para facilitar, se possível, use um processador com lâmina de fatiar.

15 g de manteiga, para untar
1 kg de nabo aparado, sem casca e cortado em fatias finas
sal marinho e pimenta-do-reino moída na hora
1 maço grande de cebolinha-francesa picada
1 dente de alho cortado ao meio
250 ml de creme de leite fresco
250 ml de sour cream
100 ml de água

Rende 6 porções

Preaqueça o forno a 160°C. Unte um refratário médio.

Distribua camadas de nabo fatiado, polvilhando-as com sal, pimenta-do-reino e cebolinha-francesa.

Coloque o alho, o creme de leite, o sour cream e a água em uma panela pequena. Sem parar de mexer, aqueça até quase ferver. Retire do fogo, descarte o alho e despeje a mistura sobre o nabo.

Asse por 1h15-1h30, até o nabo ficar bem macio quando espetado com um garfo.

Cada porção contém

Carboidratos: 10 g; proteínas: 3 g; calorias: 349; fibras: 4 g; gorduras: 33 g (20 g de gordura saturada)

Purê de abóbora e nabo-redondo

Esse purê aveludado é o acompanhamento ideal para qualquer receita suculenta. Experimente servir com Cogumelo com creme de queijo azul (p. 46) ou, se a refeição tiver muitos convidados, Tian à provençal (p. 89). O purê pode ser congelado para uso futuro.

500 g de abóbora descascada, sem sementes e cortada em cubos
500 g de nabo-redondo aparado, descascado e cortado em cubos
250 ml de água
2 colheres (sopa) de creme de leite fresco
noz-moscada inteira, para ralar
sal marinho e pimenta-do-reino moída na hora

Rende 6 porções

Coloque a abóbora e o nabo-redondo em uma panela; cubra com a água e junte uma pitada de sal. Tampe, espere ferver e cozinhe por 20-30 minutos, até ficarem bem macios e começarem a se desmanchar. Escorra bem (o líquido do cozimento rende um caldo delicioso que pode ser aproveitado ou congelado).

Leve as hortaliças de volta à panela e aqueça em fogo baixo por 5 minutos, mexendo constantemente, para o excesso de umidade evaporar. Retire do fogo, junte o creme de leite e uma pitada generosa de noz-moscada ralada. Amasse para obter um purê homogêneo. Tempere a gosto com sal e pimenta-do-reino e sirva.

Cada porção contém

Carboidratos: 6 g; proteínas: 1 g; calorias: 50; fibras: 2,5 g; gorduras: 2,5 g (1 g de gordura saturada)

Folhas verdes ao leite de coco

Mesmo quem precisa de um pouco de incentivo para comer verduras pode achar essa receita irresistível. Use repolho, couve ou acelga. Couve-de-bruxelas e brócolis também gostam dessa técnica de preparo.

1 colher (sopa) de azeite
300 g de folhas verdes aparadas e grosseiramente picadas ou rasgadas
2,5 cm de gengibre fresco picado
400 ml de leite de coco
1 colher (chá) de cominho em pó
sal marinho e pimenta-do-reino moída na hora

Rende 4 porções

Aqueça o azeite em uma panela grande em fogo médio. Junte as folhas e o gengibre; tampe e cozinhe, mexendo de vez em quando, por 2 minutos, até murcharem e ficarem verde brilhante.

Adicione o leite de coco e o cominho em pó, tempere com sal e pimenta-do-reino e mantenha no fogo, sem tampar, por 5 minutos, ou até o ponto desejado. Sirva quente.

Cada porção contém

Carboidratos: 5 g; proteínas: 5 g; calorias: 222; fibras: 1,5 g; gorduras: 20 g (12 g de gordura saturada)

Miniabobrinha com hortelã e vinagre

Quando encontrar miniabobrinhas à venda, compre-as. São suculentas e naturalmente adocicadas. Se estiverem com as flores, melhor ainda – isso significa que são muito frescas (e será possível acrescentar as flores a essa receita). Transforme em prato principal adicionando fatias de muçarela de búfala e folhas de rúcula. A abobrinha também pode ser preparada na grelha – primeiro, besunte-a com azeite em uma tigela e então leve-a à chapa preaquecida.

600 g de miniabobrinha
2 colheres (sopa) de azeite
4 colheres (chá) de vinagre de vinho branco
um punhado de folhas de hortelã fresca grosseiramente picadas
sal e pimenta-do-reino moída na hora

Rende 4 porções

Se as abobrinhas forem realmente jovens, não é preciso aparar – a não ser que haja uma flor murcha na extremidade. Se forem maiores, retire as duas pontas. Corte ao meio na vertical.

Aqueça o azeite em uma frigideira antiaderente grande, em fogo baixo. Grelhe a abobrinha até dourar dos dois lados; transfira para um prato (se necessário, trabalhe em levas). Assim que tirar do fogo, ainda mornas, respingue um pouco de vinagre e tempere com sal e pimenta-do-reino. Espere esfriar completamente.

Polvilhe com a hortelã e finalize com mais pimenta-do-reino.

Cada porção contém

Carboidratos: 2,5 g; proteínas: 2,6 g; calorias: 76; fibras: 1,5 g; gorduras: 6 g (1 g de gordura saturada)

08: DOCES DELÍCIAS

Tem uma queda por doces? Venha se deliciar. Com essas guloseimas sem açúcar, não é preciso se privar do prazer de uma sobremesa de vez em quando.

Gratinado de frutas vermelhas

Para deixar essa receita perfeita, o segredo é um grill potente – assim, as frutas aquecem rapidamente até quase estourar e, então, derretem na boca.

400 g de frutas vermelhas misturadas, principalmente amora, framboesa e mirtilo
4 colheres (sopa) de adoçante
150 g de cream cheese
5 colheres (sopa) de creme de leite fresco
suco de ½ limão-siciliano
raspas grossas de 1 limão-siciliano

Rende 6 porções

Preaqueça o grill na temperatura máxima. Coloque as frutas em um refratário e misture com 1 colher (sopa) de adoçante.

Em uma tigela, bata o cream cheese, o creme de leite, o adoçante restante e o suco de limão. Distribua sobre as frutas em uma camada uniforme, cobrindo a maior parte da superfície, mas deixando uma borda de frutas ao redor da fôrma. Polvilhe com as raspas de limão.

Grelhe por cerca de 5 minutos, ou até a cobertura mostrar pontos dourados e as frutas incharem. Sirva imediatamente.

Cada porção contém

Carboidratos: 4 g; proteínas: 2 g; calorias: 174; fibras: 2 g; gorduras: 17 g (10 g de gordura saturada)

Cheesecake de chocolate e marzipã

Um bolo muito tentador, com sabor impressionante de chocolate e textura sedosa sobre uma base de marzipã.

Para a base

100 g de amêndoa moída
50 g de manteiga derretida
2 colheres (sopa) de adoçante
½ colher (chá) de extrato de amêndoa
uma boa pitada de sal

Para a cobertura

350 g de cream cheese
150 g de mascarpone
6 colheres (sopa) de adoçante
2 ovos orgânicos
150 g de chocolate meio amargo para diabéticos derretido
framboesas frescas, raspas de chocolate para diabéticos e cacau em pó, para decorar (opcional)

Rende 10 porções

Preaqueça o forno a 150°C. Coloque os ingredientes da base em uma tigela e misture até obter uma pasta grossa. Forre uma fôrma de fundo removível com 25 cm de diâmetro pressionando a pasta de maneira firme e uniforme. Deixe na geladeira enquanto prepara a cobertura.

Bata os dois tipos de queijo com uma batedeira elétrica ou no processador. Acrescente o adoçante, os ovos e o chocolate até ficar homogêneo. Transfira para a fôrma e asse por 30-40 minutos, até firmar, mas ainda permanecer um pouco mole no centro.

Deixe esfriar na fôrma – o bolo fica mais firme à medida que esfria. Antes de servir, refrigere por 3 horas ou durante a noite.

Cada porção contém (sem decoração)

Carboidratos: 6 g; proteínas: 7 g; calorias: 402; fibras: 1 g; gorduras: 39 g (21 g de gordura saturada)

Sorvete de coco

Esse deve ser o sorvete mais simples do mundo. Lembre-se de tirar do freezer pelo menos 30 minutos antes de servir. Depois de misturado, a textura fica mole e cremosa. Experimente servir com uma colherada de Purê de framboesa (p. 165).

400 ml de leite de coco
200 ml de creme de leite fresco
6 colheres (sopa) de adoçante

Rende 8 porções

Bata todos os ingredientes até misturar bem. Leve à geladeira. Transfira para uma sorveteira e siga as instruções do fabricante.

Para preparar manualmente, despeje a mistura gelada em um recipiente plástico grande e raso. Tampe e deixe na parte mais fria do freezer por 1-1h30. Retire e misture vigorosamente ou bata com um mixer, para incorporar os cristais de gelo das bordas. Tampe e volte ao freezer. Repita outras duas vezes, a cada 2 horas, ou até o sorvete engrossar. Tire do freezer pelo menos 30 minutos antes de servir e misture novamente.

Cada porção contém

Carboidratos: 2,5 g; proteínas: 2 g; calorias: 214; fibras: 0 g; gorduras: 22 g (15 g de gordura saturada)

Sorvete de café

Essa é uma receita tradicional, à base de creme. Quando experimentar a mistura aromatizada de café, pode ser que decida não levar ao freezer e queira servir assim mesmo – é praticamente irresistível.

300 ml de creme de leite fresco
3 gemas de ovos orgânicos
3 colheres (sopa) de adoçante
1 colher (sopa) de café instantâneo

Rende 4 porções

Coloque o creme de leite fresco em uma panela e aqueça em fogo baixo-médio, até quase ferver.

Enquanto isso, bata as gemas, o adoçante e o café em uma jarra pequena. Não se preocupe se o café não dissolver de imediato, pois ele acaba diluindo.

Quando o creme começar a borbulhar nas beiradas, retire do fogo e, aos poucos, acrescente a mistura de gemas, sem parar de bater. Volte à panela e aqueça em fogo baixo. Bata até o creme engrossar e cobrir as costas de uma colher.

Transfira o creme para a jarra limpa. Cubra com filme de PVC e fure a superfície, para o vapor escapar. Deixe esfriar e leve à geladeira.

Coloque na sorveteira e siga as instruções do fabricante. Para preparar manualmente, siga as orientações do Sorvete de coco (p. 146).

Cada porção contém

Carboidratos: 2 g; proteínas: 4 g; calorias: 331; fibras: 0 g; gorduras: 34 g (20 g de gordura saturada)

Torta macaron com creme de limão

O coco seco ralado fornece uma base perfeita, dourada, doce e crocante.

165 g de coco seco ralado
3 gemas e 2 claras de ovos orgânicos
7 colheres (sopa) de adoçante
manteiga, para untar
150 ml de creme de leite fresco
raspas finas de 2 limões-sicilianos
suco de 1 limão-siciliano
framboesas, para decorar (opcional)

Rende 8 porções

Preaqueça o forno a 180°C. Em uma tigela, misture o coco, as claras e 3 colheres (sopa) de adoçante. Bata até misturar e ficar grudento. Unte generosamente uma fôrma canelada de 20 cm de diâmetro com fundo removível e pressione a massa com firmeza na base e nas laterais. Também é possível usar forminhas ou uma assadeira antiaderente para muffins. Coloque sobre uma assadeira e leve ao forno por 5 minutos.

Para o recheio, bata as gemas, o adoçante restante, o creme de leite, as raspas e o suco de limão. Retire a base do forno e recheie com o creme. Asse por mais 15 minutos, até dourar.

Espere esfriar completamente antes de desenformar – use a ponta de uma faca pequena para soltar as laterais.

Cada porção contém (sem decoração)
Carboidratos: 2 g; proteínas: 2 g; calorias: 226; fibras: 3 g; gorduras: 24 g (17 g de gordura saturada)

Zabaione

É preciso passar um bom tempo batendo o zabaione, portanto o mais confortável é preparar a receita apenas para duas pessoas. Deve ser consumido imediatamente – espumoso, morno e licoroso. Sirva puro ou misturado com uma ou duas colheradas do Purê de framboesa (p. 165).

4 gemas de ovos orgânicos
2 colheres (sopa) de adoçante
4 colheres (sopa) de vinho madeira, marsala ou xerez

Rende 2 porções

Coloque cerca de 2,5 cm de água em uma panela onde possa encaixar um refratário de vidro. Espere ferver.

Enquanto isso, bata todos os ingredientes no refratário, até incorporar. Reduza o fogo, para que a água apenas borbulhe, e coloque a vasilha sobre a panela. Cozinhe, sem parar de bater, por 4-5 minutos, até ficar denso e quase triplicar o volume. Sirva imediatamente.

Cada porção contém

Carboidratos: 4 g; proteínas: 37 g; calorias: 450; fibras: 0 g; gorduras: 27 g (8 g de gordura saturada)

Bolo de cardamomo

O cardamomo tem a capacidade de fazer com que as coisas pareçam mais doces, por isso é ideal em uma receita de baixo carboidrato. Uma fatia desse bolo leve é perfeita para o café ou chá da tarde.

manteiga, para untar
75 g de farinha de soja
50 g de amêndoa moída
1 colher (chá) de fermento em pó
1 colher (chá) de sementes de cardamomo amassadas
5 colheres (sopa) de adoçante
2 ovos orgânicos
3 colheres (sopa) de coalhada ou sour cream com pouca gordura
3 colheres (sopa) de óleo de girassol
1 colher (sopa) de extrato de baunilha
uma pitada generosa de sal

Rende 8 porções

Preaqueça o forno a 180°C. Unte uma fôrma com 20 cm de diâmetro e forre a base com papel-manteiga.

Misture a farinha, a amêndoa, o fermento e o cardamomo.

Em outra vasilha, bata o adoçante, os ovos, a coalhada, o óleo, o extrato de baunilha e o sal, à mão ou na batedeira. Junte os ingredientes secos e misture muito bem, sem trabalhar demais. Transfira para a fôrma e asse por 20 minutos, até dourar e firmar. Espere 5 minutos e desenforme sobre uma grade para esfriar.

Cada porção contém

Carboidratos: 3 g; proteínas: 7,5 g; calorias: 140; fibras: 5 g; gorduras: 11 g (1,8 g de gordura saturada)

Brownie de cream cheese e macadâmia

Essas delícias ficam cravejadas de macadâmia e porções de cream cheese assado.

150 g de chocolate meio amargo para diabéticos picado
100 g de manteiga
3 ovos orgânicos
5 colheres (sopa) de adoçante
1 colher (chá) de extrato de baunilha
75 g de farinha de soja
1 colher (chá) de fermento em pó
uma pitada de sal
100 g de macadâmia sem sal grosseiramente picada
75 g de cream cheese gelado cortado em cubinhos

Rende 12 unidades

Preaqueça o forno a 180°C. Forre uma fôrma ou refratário retangular pequeno com papel-manteiga.

Derreta o chocolate e a manteiga em banho-maria ou no micro-ondas. Mexa até ficar homogêneo e espere esfriar um pouco.

Em uma tigela grande, bata os ovos, o adoçante e a baunilha. Junte a mistura de chocolate e mexa para incorporar. Peneire a farinha, o fermento e o sal sobre a massa, acrescente as macadâmias e mexa apenas para mesclar.

Transfira para a fôrma e alise a superfície. Distribua o cream cheese por cima e asse por 30-40 minutos, até ficar firme. Espere esfriar e corte em doze quadrados.

Cada porção contém
Carboidratos: 7 g; proteínas: 6 g; calorias: 257; fibras: 1 g; gorduras: 23 g (10 g de gordura saturada)

Pudim de framboesa e rosas

O sabor delicado da água de rosas é o elemento surpresa desse creme polvilhado de framboesas. Gosto de usar frutas congeladas porque soltam seu suco vermelho enquanto o doce esfria. Como a intensidade do sabor da água de rosas varia, comece com uma quantidade pequena e aumente a gosto.

150 g de framboesa fresca ou congelada
6 gemas de ovos orgânicos
4 colheres (sopa) de adoçante
1-3 colheres (sopa) de água de rosas ou a gosto
600 ml de creme de leite fresco
1 fava de baunilha

Rende 6 porções

Distribua as framboesas entre seis taças ou tigelinhas e reserve.

Em uma tigela grande, junte as gemas, o adoçante e a água de rosas e bata com um garfo até ficar homogêneo.

Coloque o creme de leite em uma panela. Abra a fava de baunilha ao meio, na vertical, e raspe as sementes sobre o creme. Junte a fava e aqueça até quase ferver – deve apenas começar a borbulhar nas beiradas. Retire a fava e, aos poucos, despeje o creme quente sobre a mistura de ovos, sem parar de bater. Volte à panela e cozinhe em fogo baixo, mexendo até engrossar. Transfira para as taças, espere esfriar e leve à geladeira.

Cada porção contém
Carboidratos: 3 g; proteínas: 5 g; calorias: 563; fibras: 0,6 g; gorduras: 60 g (35 g de gordura saturada)

Trufa de chocolate

Servidas com café ou conhaque, essas trufas são a guloseima perfeita para encerrar o jantar. Se usar um chocolate para diabéticos de alta qualidade, ninguém vai acreditar que os docinhos não têm açúcar. Usar luvas de látex ou plástico facilita o trabalho de enrolar a massa – mas será necessário trocar os pares de luvas constantemente.

250 g de chocolate meio amargo para diabéticos quebrado em pedaços
175 ml de creme de leite fresco
50 g de manteiga
6 colheres (sopa) de cacau em pó sem açúcar

Rende 35 unidades

Coloque o chocolate no processador e bata até moer bem.

Em uma panela, aqueça o creme de leite e a manteiga, até derreter. Retire do fogo e acrescente o chocolate. Mexa até ficar homogêneo. Se a mistura estiver muito quente, os ingredientes podem se separar. Caso isso aconteça, junte mais creme de leite.

Despeje em um recipiente plano, espere esfriar e leve à geladeira até ficar firme.

Coloque o cacau em uma tigela. Retire a massa da geladeira. Pegue porções do tamanho de uma cereja e enrole formando bolinhas uniformes. Passe-as no cacau até cobrir bem e transfira para um prato.

Refrigere as trufas até a hora de servir.

Cada porção contém

Carboidratos: 3 g; proteínas: 0,9 g; calorias: 71; fibras: 0 g; gorduras: 6,3 g (3,9 g de gordura saturada)

Merengue de pistache

Essa receita é bem diferente da tradicional, mas igualmente deliciosa. Leve como pluma, é crocante e, mesmo assim, derrete na boca. Pistaches tornam o doce mais especial, mas é possível substituí-los por avelã ou amêndoa.

100 g de pistache sem casca
2 claras
uma pitada de cremor de tártaro
6 colheres (sopa) de adoçante

Rende 8 unidades

Preaqueça o forno a 120°C. Forre uma assadeira com papel-manteiga.

Moa o pistache no processador ou pique o mais fino possível. Em uma tigela livre de gordura, bata as claras com o cremor de tártaro até obter picos firmes. Acrescente o adoçante e bata novamente. Junte o pistache moído, aos poucos, mantendo a mistura leve e aerada.

Distribua pequenas porções do suspiro sobre a assadeira. Leve ao forno por 30-40 minutos, até dourar e ficar crocante.

Cada porção contém

Carboidratos: 1 g; proteínas: 3 g; calorias: 78; fibras: 0,8 g; gorduras: 7 g (1 g de gordura saturada)

Musse de ruibarbo

Adoçantes funcionam particularmente bem com alimentos ácidos e, por isso, o ruibarbo é perfeito – e também tem pouco carboidrato. O gengibre, outro ótimo companheiro para a hortaliça, completa essa receita inglesa tradicional.

400 g de ruibarbo aparado e cortado em pedaços de 1 cm
3 colheres (sopa) de água
2 colheres (chá) de gengibre fresco bem ralado
uma pitada de sal
4 colheres (sopa) de adoçante ou a gosto
300 ml de creme de leite fresco

Rende 6 porções

Coloque o ruibarbo, a água, o gengibre e o sal em uma panela que não seja de alumínio. Leve ao fogo, tampe e espere ferver. Reduza a chama e cozinhe por cerca de 15 minutos, até o ruibarbo desmanchar. Escorra um pouco do líquido por uma peneira que não seja de alumínio, transfira para uma tigela de cerâmica ou vidro e deixe esfriar.

Junte o adoçante. Bata o creme de leite até ficar firme. Acrescente o ruibarbo e misture, sem incorporar totalmente, para que o creme fique mesclado com tom rosado. Distribua entre quatro taças e leve à geladeira por pelo menos 30 minutos antes de servir.

Cada porção contém

Carboidratos: 2 g; proteínas: 2 g; calorias: 380; fibras: 1,5 g; gorduras: 40 g (25 g de gordura saturada)

Eton mess

Feita com Merengue de pistache (p. 156), é uma versão mais amendoada da receita clássica do Eton mess* dos verões ingleses. Um toque de água de rosas intensifica a doçura. Se não tiver framboesa, substitua por morango.

1 receita de Merengue de pistache (p. 156)
250 ml de creme de leite fresco
150 g de framboesa
1 colher (chá) de água de rosas

Rende 6 porções

Bata o creme de leite até ficar denso, mas sem deixar amanteigar.

Coloque os merengues em uma tigela grande e quebre-os em pedaços. Junte a framboesa e o creme de leite. Misture, mas tente não desmanchar os merengues. Com cuidado, incorpore a água de rosas. Sirva imediatamente.

Cada porção contém

Carboidratos: 3,3 g; proteínas: 6 g; calorias: 484; fibras: 2,5 g; gorduras: 49 g (26 g de gordura saturada)

* Eton mess é um tipo de merengue inglês, feito com suspiro misturado à fruta e ao creme.

09: SABORES ESSENCIAIS

Teste algumas receitas básicas, como molhos e temperos criados especialmente para acrescentar sabor, cor e textura a quase tudo que pareça sem graça. Com esse repertório, elabore suas próprias invenções com pouco carboidrato.

Caldo de legumes

Sopas e cozidos preparados com caldo caseiro – e não em pó ou em cubos – ficam mais saborosos e serão praticamente isentos de carboidrato se seguir as instruções abaixo. O dia a dia, porém, nem sempre nos dá o privilégio de ter tempo para prepará-lo (embora leve apenas meia hora). Faça uma quantidade maior e leve ao freezer em porções de 250 ml, dentro de sacos plásticos de fecho hermético. Outra ideia é guardar o líquido do cozimento de legumes e congelar da mesma maneira.

legumes (ver lista abaixo)
água (quantidade correspondente)
sal marinho
pimenta-do-reino em grãos

o que usar:

cebolinha
alho
folhas e talos de aipo
folhas e talos de salsa
alho-poró (parte verde bem lavada)
buquês e talos de brócolis
abobrinha italiana
folhas e bulbo de erva-doce
nabo
ervas lenhosas, como alecrim e tomilho
folhas de louro

o que evitar:

repolho
couve
couve-flor
couve-de-bruxelas
batata e outras hortaliças com muito amido

Preencha metade de uma panela com alimentos da lista "o que usar". Junte água suficiente para cobrir os ingredientes. Tempere com sal a gosto e um pequeno punhado de pimenta-do-reino. Espere ferver e cozinhe em fogo brando por 20-30 minutos. Passe por uma peneira e use imediatamente ou deixe esfriar e mantenha na geladeira por 3 dias. Também é possível congelar, como descrito acima.

Cada porção de 300 ml contém

Carboidratos: 0,8 g; proteínas: 2 g; calorias: 16; fibras: 0 g; gorduras: 0,2 g (0 g de gordura saturada)

Paneer

Esse queijo coagulado caseiro é um ingrediente básico da alimentação indiana. Rico em proteínas, tem a textura maravilhosamente cremosa e, ainda assim, um pouco firme. É vendido em alguns supermercados e lojas orientais, mas, quando descobrir como é fácil prepará-lo, vai aderir à prática – basta separar o coalho do soro do leite. A versão caseira é muito mais leve e cremosa.

3,5 litros de leite integral
100 ml de suco de limão-siciliano fresco e peneirado

Rende cerca de 300 g

Ferva o leite em uma panela grande. Apague o fogo quando começar a subir. Junte o suco de limão, tampe e reserve por 10 minutos.

Escorra o leite coagulado em uma peneira forrada com musselina ou pano de prato limpo. Quando estiver frio o suficiente, esprema para tirar o excesso de líquido; deixe esfriar e escorrer mais. Leve à geladeira.

O paneer pode ser usado assim que estiver frio, embora esfarele com facilidade. Fica firme depois de 1 hora na geladeira; quanto mais tempo, mais firme.

Cada porção de 75 g contém
Carboidratos: 2 g; proteínas: 9 g; calorias: 76; fibras: 0 g; gorduras: 3 g (1,5 g de gordura saturada)

Molho holandês de liquidificador

Não dá para evitar alguma culpa – o que dizer de toda essa manteiga? –, mas, se você está seguindo a dieta de baixo carboidrato, um pouco do molho não vai causar prejuízo. Essa versão à prova de erros combina com aspargo cozido no vapor e é imprescindível para os Ovos à florentina com cogumelo grelhado (p. 28).

3 gemas de ovos orgânicos
2 colheres (sopa) de água
1 colher (sopa) de suco fresco de limão-siciliano
150 g de manteiga com sal em cubos*

*** Uma alternativa é usar a mesma quantidade de manteiga sem sal acrescida de uma pitada de sal.**

Rende 4 porções

Coloque as gemas, a água e o suco de limão no liquidificador.

Aqueça a manteiga em fogo bem baixo. Assim que derreter, retire do fogo, sem deixar esfriar.

Ligue o liquidificador e vá despejando a manteiga, aos poucos, para obter uma emulsão densa e cremosa.

Se precisar guardar o molho por algum tempo antes de usar, transfira para um refratário com tampa e coloque em uma panela de água quente (fora do fogo), para manter aquecido. O molho endurece ao ser guardado na geladeira, mas pode ser reaquecido com sucesso no micro-ondas.

Cada porção contém

Carboidratos: 0,2 g; proteínas: 2 g; calorias: 325; fibras: 0 g; gorduras: 35 g (20 g de gordura saturada)

Pesto

O molho pode ser aproveitado em muitas outras receitas além do macarrão: experimente a incrível quantidade de massas sem (ou com pouco) carboidrato, como as de arroz, disponíveis on-line e em lojas especializadas. Tente misturar na abóbora-espaguete, use como molho para nabo, abóbora ou couve-flor cozidos e como acompanhamento para dar vida a legumes crocantes, a exemplo do aipo (Aipo com pesto, p. 111).

um punhado de manjericão fresco (folhas e talos) rasgado
100 g de pinhole
2 dentes de alho
50 g de parmesão ralado na hora
sal
6 colheres (sopa) de azeite

Rende 4 porções

Bata o manjericão, o pinhole, o alho, o parmesão e uma pitada de sal no processador, até picar bem. Com o motor ligado, junte o azeite aos poucos. Experimente e acrescente mais sal, se necessário. Guarde em um recipiente de fecho hermético na geladeira por 3 dias ou congele.

Cada porção contém
Carboidratos: 1 g; proteínas: 9 g; calorias: 382; fibras: 0,5 g; gorduras: 38 g (6 g de gordura saturada)

Purê de framboesa

Esse purê cor-de-rosa pode ser usado como molho doce, condimento (Zabaione, p. 150) ou como um substituto da geleia com pouco carboidrato (Panqueca de cottage com purê de framboesa, p. 31).

75 g de framboesa
1½ colher (sopa) de água
1 colher (sopa) de adoçante

Rende cerca de 125 ml

Rende 4 porções

Bata todos os ingredientes no liquidificador até obter um creme homogêneo. Passe por uma peneira. O purê pode ser mantido na geladeira por 3 dias ou congelado.

Cada porção contém
Carboidratos: 0,9 g; proteínas: 0,3 g; calorias: 5; fibras: 0,5 g; gorduras: 0,1 g (0 g de gordura saturada)

Molho agridoce de pimenta

Essa receita básica exibe um equilíbrio perfeito entre doce, azedo, salgado e picante – o princípio que norteia os pratos mais saborosos do Sudeste Asiático.

- 2 colheres (sopa) de suco fresco de limão
- 2 colheres (sopa) de molho de soja light
- 2 colheres (sopa) de adoçante
- 2 pimentas vermelhas pequenas bem picadas
- 1 dente de alho pequeno amassado ou bem ralado

Rende 4 porções

Misture todos os ingredientes. Quanto mais tempo descansar, mais picante fica.

Cada porção contém

Carboidratos: 0 g; proteínas: 0,2 g; calorias: 3; fibras: 0,6 g; gorduras: 0 g (0 g de gordura saturada)

Molho de coco e pimenta

É uma marinada fantástica para tofu e uma maneira rápida de incrementar legumes no vapor. Também fica delicioso com ovos cozidos duros. Verifique a embalagem do molho de pimenta para ter certeza de que tem pouco carboidrato – sem açúcar ou amido modificado.

- 5 colheres (sopa) de leite de coco ou creme de coco
- 2 colheres (chá) de molho de pimenta com pouco carboidrato ou várias gotas de tabasco
- 2 colheres (chá) de molho de soja light
- 1 colher (chá) de suco fresco de limão
- 1 colher (chá) de adoçante

Rende 4 porções

Misture todos os ingredientes e sirva. O molho pode ficar sólido quando mantido na geladeira; espere voltar à temperatura ambiente antes de usar.

Cada porção contém

Carboidratos: 1 g; proteínas: 0,6 g; calorias: 35; fibras: 0 g; gorduras: 3,2 g (2 g de gordura saturada)

Molho de mostarda e ervas

Um dos equipamentos mais úteis da cozinha é um pilão pesado, a maneira perfeita de obter o melhor sabor do alho como base para qualquer molho.

1 dente de alho
1 colher (chá) de sal marinho grosso
2 colheres (sopa) de vinagre de vinho branco
1 colher (chá) de mostarda em pó
½ colher (chá) de ervas secas misturadas ou ervas de Provence
pimenta-do-reino moída na hora
3 colheres (sopa) de azeite extravirgem

Rende 4 porções

Bata o alho e o sal em um pilão, até obter uma pasta homogênea. Acrescente o vinagre, a mostarda e as ervas, batendo sempre. Tempere com pimenta-do-reino a gosto. Acrescente o azeite aos poucos, batendo constantemente.

Cada porção contém
Carboidratos: 0 g; proteínas: 0 g; calorias: 75; fibras: 0 g; gorduras: 8 g (1 g de gordura saturada)

Molho de queijo

Essa receita intensa deixa tudo mais interessante – experimente distribuir colheradas sobre um prato de brócolis e abobrinha italiana cozidos no vapor com ovos cozidos duros ou tofu defumado.

120 ml de Caldo de legumes (p. 162)
100 g de cream cheese
50 g de gruyère, cheddar ou outro queijo maduro e picante ralado na hora
½ colher (chá) de mostarda em pó (opcional)
½ colher (chá) de folhas de tomilho fresco ou seco (opcional)

Rende 4 porções

Ferva o caldo em uma frigideira. Junte o cream cheese e dissolva com um batedor de arame. Bata até dissolver e ficar homogêneo.

Acrescente o queijo ralado, a mostarda e o tomilho. Bata até o queijo dissolver e o molho engrossar. Retire do fogo e sirva imediatamente.

Cada porção contém
Carboidratos: 0,4 g; proteínas: 5 g; calorias: 165; fibras: 0 g; gorduras: 16 g (10 g de gordura saturada)

Molho de queijo italiano

Esse é o verdadeiro molho italiano feito com queijo azul – antes de se tornar um produto industrializado –, para todos os tipos de salada. Use o queijo em temperatura ambiente.

100 g de gorgonzola cremoso, dolcelatte ou outro queijo azul macio
1 colher (sopa) de vinagre de vinho branco
2 colheres (sopa) de azeite extravirgem
sal marinho e pimenta-do-reino moída na hora

Rende cerca de 100 ml

Rende 4 porções

Retire e descarte a casca do queijo. Coloque em uma tigela e amasse levemente com um garfo. Junte o vinagre e bata. Acrescente o azeite e uma pitada de sal e pimenta-do-reino, batendo para incorporar. O molho se mantém na geladeira por 3 dias.

Cada porção contém

Carboidratos: 0,2 g; proteínas: 6 g; calorias: 152; fibras: 0 g; gorduras: 14 g (6,5 g de gordura saturada)

Molho de gergelim

Um molho leve para saladas, com toque oriental, que também pode ser usado como marinada para tofu.

1 colher (sopa) de sementes de gergelim
2 colheres (sopa) de molho de soja escuro
2 colheres (sopa) de vinagre de arroz
2 colheres (sopa) de óleo de gergelim

Rende cerca de 100 ml

Rende 4 porções

Coloque as sementes de gergelim em uma frigideira pequena e seca. Aqueça em fogo médio, chacoalhando e mexendo com frequência, até estourar e dourar. Transfira para uma tigela e deixe esfriar.

Misture bem os ingredientes restantes com o gergelim. Use imediatamente, para que as sementes permaneçam crocantes.

Cada porção contém

Carboidratos: 0,6 g; proteínas: 1 g; calorias: 75; fibras: 0,3 g; gorduras: 8 g (1 g de gordura saturada)

Maionese de gergelim

Eis um exemplo de como a combinação mágica de três ingredientes pode ser poderosa. Esse misto versátil de molho e pasta combina com qualquer coisa!

3 colheres (sopa) de sementes de gergelim
120 ml de maionese
1½ colher (sopa) de molho de soja escuro

Cerca de 120 ml

Rende 4 porções

Coloque as sementes de gergelim em uma frigideira pequena e seca. Aqueça em fogo médio, chacoalhando e mexendo com frequência, até estourar e dourar. Transfira para uma tigela e deixe esfriar.

Junte a maionese e o molho de soja; misture bem. É melhor servir o molho no próprio dia, pois as sementes de gergelim tendem a amolecer depois de um tempo.

Cada porção contém

Carboidratos: 0,3 g; proteínas: 1 g; calorias: 137; fibras: 0,3 g; gorduras: 15 g (2 g de gordura saturada)

Molho satay

Esse molho é garantia de uma injeção de sabor instantânea. Prepare uma rápida salada Gado-Gado com ovos cozidos duros, alface ou repolho ralado, brotos de feijão, algumas tirinhas de pimentão e cebolinha em fatias; então misture com esse molho.

3 colheres (sopa) de creme de amendoim natural crocante
2 colheres (sopa) de água fervente
2 colheres (chá) de molho de pimenta pronto com pouco carboidrato
1 colher (chá) de suco fresco de limão
1 colher (chá) de adoçante
molho de soja a gosto (opcional)

Rende cerca de 100 ml

Coloque o creme de amendoim em uma tigela pequena, junte a água e bata com um garfo até incorporar. Acrescente os ingredientes restantes, sempre batendo, e prove o tempero. Se desejar salgar mais, adicione um pouco de molho de soja.

Cada porção contém

Carboidratos: 1 g; proteínas: 2 g; calorias: 50; fibras: 0,5 g; gorduras: 4 g (1 g de gordura saturada)

SUGESTÕES DE CARDÁPIO

BRUNCH

Omelete à moda japonesa, p. 25
Panqueca de mirtilo e amêndoa, p. 18
Muffin de amêndoa, p. 33
Smoothie de melão e framboesa, p. 21
Café preto

PETISCOS MEDITERRÂNEOS

Azeitona com semente de erva-doce, p. 100
Pimentão recheado com halloumi, p. 48
Purê de berinjela defumada, p. 125
Labneh picante e cítrico, p. 122
Vinho tinto frutado

ALMOÇO AO AR LIVRE

Tortilha à moda espanhola com abobrinha e manchego, p. 66
Rolinho de vagem e pimentão vermelho assado, p. 116
Salada verde refrescante com molho de queijo italiano, p. 168
Prosecco gelado

PIQUENIQUE

Torta à moda tunisiana com especiarias, p. 84
Salada de crudités marinados, p. 110
Brownie de cream cheese e macadâmia, p. 152
Chá gelado com limão-siciliano e adoçante

BUFÊ DE ALMOÇO

Cogumelo com creme de queijo azul, p. 46
Tian à provençal, p. 89
Salada de avocado e limão-siciliano, p. 128
Cheesecake de chocolate e marzipã, p. 144

BUFÊ ORIENTAL SIMPLES

Salada de tofu, hortelã e palmito com molho picante, p. 60
Panqueca de aspargo à moda vietnamita, p. 70
Salada Gado-Gado, veja a introdução ao Molho satay, p. 169
Sorvete de coco, p. 146

MARMITA DE ALMOÇO

Tortilha à moda espanhola com abobrinha e manchego, p. 66
Biltong picante de tofu, p. 106
Muffin de amêndoa, p. 33

ALMOÇO RECONFORTANTE DE INVERNO

Sopa de aipo-rábano ao curry com azeite de coentro, p. 56
Salada morna de berinjela e camembert, p. 75
Zabaione, p. 150

JANTAR RÁPIDO DEPOIS DO TRABALHO 1

Salada de tofu e folhas verdes com especiarias chinesas, p. 59
Ovo foo yung, p. 86

JANTAR RÁPIDO DEPOIS DO TRABALHO 2

Sopa de flor de ovo, p. 40
Salada morna de cogumelos, p. 62

BANQUETE TAILANDÊS

Espetinho de pepino e tofu ao molho satay, p. 118
Caldo aromático de coco, p. 36
Salada agridoce à moda tailandesa com tofu crocante, p. 78
Sorvete de coco, p. 146
Chá de jasmim

BANQUETE INDIANO

Berinjela com especiarias, p. 51
Bolinho de paneer e ervas, p. 92
Curry de abóbora e ovo, p. 94
Pudim de framboesa e rosas, p. 154
Cerveja com pouco carboidrato

HORA DO COQUETEL

Castanha-do-pará com crosta picante, p. 100
Aïoli de açafrão com ovo de codorna e aspargo, p. 120
Involtino de berinjela e queijo defumado, p. 114
Pepino com picles de gengibre, p. 117
Trufa de chocolate, p. 155
Martíni de vodca

JANTAR LUXUOSO

Espetinho tricolor (com champanhe), p. 117
Timbale de pimentão vermelho e queijo de cabra, p. 45
Salada morna de ovo poché com molho de estragão, p. 64
Vinho branco da Borgonha gelado
Gratinado de frutas vermelhas, p. 142
Conhaque e café preto

ÍNDICE

Abóbora
  Curry de abóbora e ovo 94
  Purê de abóbora e nabo--redondo 136
Abóbora-espaguete com pesto de pimenta defumada 80
Abobrinha
  Miniabobrinha com hortelã e vinagre 138
  Tortilha à moda espanhola com abobrinha e manchego 66
Acelga-vermelha com pinhole e groselha 131
Açúcar 11
Água 13
Aïoli de açafrão com ovo de codorna e aspargo 120
Aipo com pesto 111
Aipo-rábano
  Gratinado cremoso de aipo--rábano 76
  Sopa de aipo-rábano ao curry com azeite de coentro 56
Alcachofra
  com recheio cremoso de cogumelos 97
  Cozido de tomate e alcachofra 82
  Pecado de alcachofra picante 124
Azeitona com semente de erva--doce 100

Bebidas 15
Berinjela
  assada com molho de endro 133
  com especiarias 51
  Involtino de berinjela e queijo defumado 114
  Purê de berinjela defumada 125
  Rarebit de berinjela 50
  Salada morna de berinjela e camembert 75
  Timbale de berinjela defumada 42
Bolo de cardamomo 151
Bolinho de paneer e ervas 92
Bowl de ovo e cogumelo de três minutos 27
Brócolis
  Tofu teriyaki com brócolis assados 65
Brownie de cream cheese e macadâmia 152

Café da manhã à moda turca 22
Caldo
  aromático de coco 36
  asiático de cogumelo 38
  de legumes 162
Carboidratos 12
Cardápio, sugestões de 170-3
Cheesecake
  de chocolate e marzipã 144
  de rúcula e ricota 72
Chocolate
  Cheesecake de chocolate e marzipã 144
  Shake matinal de chocolate 21
  Trufa de chocolate 155
Coco
  Caldo aromático de coco 36
  Molho de coco e pimenta 166
  Sorvete de coco 146
Cogumelo
  Alcachofra com recheio cremoso de cogumelos 97
  Bowl de ovo e cogumelo de três minutos 27
  Caldo asiático de cogumelo 38
  Cogumelo com creme de queijo azul 46
  Molho de porcini 91
  Ovos à florentina com cogumelo grelhado 28
  Salada morna de cogumelos 62
  Sopa de porcini com tomilho 39
Conservas 15
Cottage
  Ovo mexido com cottage 30
  Panqueca de cottage com purê de framboesa 31
Couve-flor
  Gratinado de couve-flor 90
  Purê de couve-flor e molho porcini para salsicha vegetariana 91
  Sopa de couve-flor, coco e cardamomo 58
Cozido de tomate e alcachofra 82
Crocantes de edam 102

Diretrizes 13

Enlatados 15
Especiarias 15
  Berinjela com especiarias 51
  Biltong picante de tofu 106
  Salada de tofu e folhas verdes com especiarias chinesas 59
Espetinho tricolor 117
Eton mess 159

Fibras 11
Folhas verdes ao leite de coco 137
Framboesa
  Cheesecake de chocolate e marzipã 144
  Eton mess 159
  Gratinado de frutas vermelhas 142
  Panqueca de cottage com purê de framboesa 31
  Pudim de framboesa e rosas 154
  Purê de framboesa 165
  Smoothie de melão e framboesa 21

Gergelim
  Maionese de gergelim 169

Pão crocante de gergelim
e pimenta-do-reino 108
Molho de gergelim 168
Gordura hidrogenada 12
Gorduras 12
Gratinado
cremoso de aipo-rábano 76
de couve-flor 90
de frutas vermelhas 142
de repolho 87

Ingredientes frescos 15

Laticínios 10-1, 15
Limão-siciliano 11
Salada de avocado e limão-siciliano 128
Torta macaron com creme
de limão 148

Marzipã
Cheesecake de chocolate
e marzipã 144
Merengue
de pistache 156
Eton mess 159
Miniabobrinha com hortelã
e vinagre 138
Molhos 164-9
agridoce de pimenta 166
de estragão 64
de mostarda e ervas 167
de queijo 167
de queijo italiano 168
holandês de liquidificador 164
para salsicha vegetariana 91
Muffin de amêndoa 33
Musse de ruibarbo 158

Nabo dauphinoise 134
Nhoque de espinafre e ricota
com manteiga de sálvia 79
Nozes 10, 15

Omelete à moda japonesa 25
Ovos 9, 15
Curry de abóbora e ovo 94
Ovo ao estilo de Kerala 26
Ovo foo yung 86
Ovo mexido com cottage 30
Ovos à florentina com
cogumelo grelhado 28
Salada Caesar com ovo
e avocado 54
Salada morna de ovo poché
com molho de estragão 64
Sopa de flor de ovo 40
Ovos orgânicos 9

Paneer 163
Paneer masala com espinafre
e coco 81
Panqueca
de aspargo à moda vietnamita
70
de cottage com purê de
framboesa 31
de mirtilo e amêndoa 18
Pecado de alcachofra picante
124
Pepino
Espetinho de pepino e tofu ao
molho satay 118
Pepino à moda mexicana 104
Pepino com picles de gengibre
117
Pesto 165
Abóbora-espaguete com pesto
de pimenta defumada 80
Aipo com pesto 111
defumado 42
Pimenta
Castanha-do-pará com crosta
picante 100
Labneh picante e cítrico 122
Molho agridoce de pimenta
166
Pimentão recheado com halloumi
48
Porcini
Molho para salsicha
vegetariana 91
Sopa de porcini com tomilho
39
Proteínas 8-9
Pudim de framboesa e rosas
154
Purê de framboesa 165

Queijo azul, cogumelo com
creme de 46

Refogado de erva-doce
e pimentão 132
Rolinho de vagem e pimentão
vermelho assado 116
Rótulos 14

Sabores essenciais 160-9
Salada
agridoce à moda tailandesa
com tofu crocante 78
cipriota 61
de avocado e limão-siciliano
128
de crudités marinados 110
de tofu e folhas verdes com
especiarias chinesas 59
de tofu, hortelã e palmito com
molho picante 60
morna de berinjela e
camembert 75
morna de cogumelos 62
morna de ovo poché com
molho de estragão 64
Smoothie de melão e framboesa
21
Soja 9-10, 15
Sopas
Caldo aromático de coco 36
Caldo asiático de cogumelo 38
Sopa de aipo-rábano ao curry
com azeite de coentro 56
Sopa de couve-flor, coco e
cardamomo 58
Sopa de flor de ovo 40
Sopa de porcini com tomilho
39
Sorvete
de café 147
de coco 146

Temperos 15
Tian à provençal 89
Timbale
de berinjela defumada 42
de pimentão vermelho e queijo
de cabra 45
Tofu 8, 10, 15
Biltong picante de tofu 106
Salada agridoce à moda
tailandesa com tofu crocante
78
Salada de tofu e folhas verdes
com especiarias chinesas 59
Salada de tofu, hortelã e
palmito com molho picante
60
Tofu teriyaki com brócolis
assados 65
Torta à moda tunisiana com
especiarias 84
Tortilha à moda espanhola com
abobrinha e manchego 66

Wafers de parmesão 102

Zabaione 150

Título original: *Low-Carb & Gluten-Free Vegetarian – Simple, delicious recipes for a low-carb & gluten-free lifestyle*

Publicado originalmente na Grã-Bretanha em 2004 por Pavilion Books, 1 Gower Street, WC1E 6HD, Londres, Inglaterra.

Coordenação do projeto: Publifolha
Editora-assistente: Andréa Bruno
Coordenadora de produção gráfica: Mariana Metidieri

Produção editorial: A2
Coordenação: Sandra R. F. Espilotro
Tradução: Gabriela Erbetta
Consultoria: Luana Budel
Preparação: Andressa Veronesi
Revisão: Maria A. Medeiros, Carmen T.S. Costa

Edição original: Pavilion Books
Editora: Emily Preece-Morrison
Fotografia: Clare Winfield
(exceto: pp. 32, 44, 74, 88, 96 por Tara Fisher)
Consultora de culinária: Sara Lewis
Produção de objetos: Joanna Harris
Nutricionistas: Fiona Hunter e Anita Bean

Dados Internacionais de Catalogação na Publicação (CIP)
(Câmara Brasileira do Livro, SP, Brasil)

Brooks, Celia
Culinária vegetariana de baixo carboidrato e sem glúten : receitas simples e deliciosas para uma vida mais leve e saudável / Celia Brooks ; fotografias de Clare Winfield ; análise nutricional de Fiona Hunter e Anita Bean ; [tradução Gabriela Erbetta]. – São Paulo : Publifolha, 2015.

Título original: Low-carb & gluten-free vegetarian : simple, delicious recipes for a low-carb and gluten-free lifestyle.
ISBN 978-85-68684-32-0

1. Alimentos sem glúten 2. Culinária (Receitas) 3. Culinária vegetariana 4. Dieta de baixo carboidrato – Receitas 5. Dieta sem trigo – Receitas I. Winfield, Clare. II. Hunter, Fiona. III. Bean, Anita. IV. Título.

15-09126 CDD-641.5636

Índice para catálogo sistemático:
1. Baixo carboidrato : Culinária vegetariana e sem glúten : Receitas 641.5636

Este livro segue as regras do Acordo Ortográfico da Língua Portuguesa (1990), em vigor desde 1º de janeiro de 2009.

Impresso na 1010 Printing Group Limited, China.

PUBLIFOLHA
Divisão de Publicações do Grupo Folha
Al. Barão de Limeira, 401, 6º andar
CEP 01202-900, São Paulo, SP
Tel.: (11) 3224-2186/2187/2197
www.publifolha.com.br

Para Christiane Kubrick

Agradecimentos

Muito obrigada a Katharina, Jan, Christiane e todas as cobaias de Childwickbury. Eu não teria feito isso sem vocês. Tracy, agora você tem uma lista completa de compras com produtos de baixo carboidrato! Obrigada por fazer a vida tão fácil em minha cozinha preferida. Paula, obrigada por sempre fazer tudo funcionar no almoço enquanto eu tento chegar à reta final.

Fiona Hunter, você foi uma ajuda divinal. Sem sua experiência e seus conselhos, escrever este livro teria sido muito difícil. Milhares de agradecimentos.

Kate Oldfield, obrigada por acreditar em mim no projeto inicial e por levar essa ideia adiante em tão pouco tempo.

Emily Preece-Morrison, é uma delícia trabalhar com você. Obrigada por trazer este livro de volta à vida depois de nove anos.

Clare Winfield, Sara Lewis e Jo Harris, obrigada. Vocês deixaram este livro deslumbrante.

Jennifer Joyce, obrigada pelas conversas acolhedoras e por deixar que eu roubasse sua receita.

Jane Hall, obrigada pelas palavras afetuosas e por dividir suas experiências.

Sophie Duvall, obrigada, meu anjo!

Tou, do Number One Café, 1 Dalgarno Gardens, Londres W10 – eu posso ter me mudado para o outro lado da cidade, mas sua comida tailandesa extraordinária ainda é uma inspiração para mim.

Thai Café, Northwold Road, Stoke Newington, Londres N16, obrigada por sua doçura.

Jeanne, Rupert, Jessica, Sorrel e Romilly, obrigada por receber o ciclone Celia na cozinha da Dean Farm.

Mãe, pai, Amy, Bethie, obrigada por seu amor e apoio. Ame, agradeço demais sua contribuição.

Nota do editor

Apesar de todos os cuidados tomados na elaboração das receitas deste livro, os editores não se responsabilizam por erros ou omissões decorrentes da preparação dos pratos.

Pessoas com restrições alimentares, grávidas e lactantes devem consultar um médico especialista sobre os ingredientes de cada receita antes de prepará-la.

As fotos deste livro podem conter acompanhamentos ou ingredientes meramente ilustrativos.

Observações, exceto se orientado de outra forma:
- Use sempre ingredientes frescos
- O forno deve ser preaquecido na temperatura indicada na receita

Equivalência de medidas:
- 1 colher (chá) = 5 ml
- 1 colher (sopa) = 15 ml
- 1 xícara (chá) = 250 ml